多维数字能力
对企业国际化的
影响机制研究

赵文丽　著

九州出版社
JIUZHOUPRESS

图书在版编目（CIP）数据

多维数字能力对企业国际化的影响机制研究 / 赵文丽著 . -- 北京 : 九州出版社，2025. 2. -- ISBN 978-7-5225-3450-3

Ⅰ . F279.23

中国国家版本馆 CIP 数据核字第 20252TD857 号

多维数字能力对企业国际化的影响机制研究

作　　者	赵文丽 著
责任编辑	陈春玲
出版发行	九州出版社
地　　址	北京市西城区阜外大街甲35号 （100037）
发行电话	（010）68992190/3/5/6
网　　址	www.jiuzhoupress.com
印　　刷	武汉市籍缘印刷厂
开　　本	710毫米×1000毫米　16开
印　　张	12.5
字　　数	191千字
版　　次	2025年2月第1版
印　　次	2025年2月第1次印刷
书　　号	ISBN 978-7-5225-3450-3
定　　价	75.00元

前　言

数字化时代，越来越多的企业开始利用数字化来寻求国际机会，但国际商务文献领域对这一现象的关注仍然有限。目前的研究大都采用资源基础观来解释企业数字化与全球化战略，然而资源基础观中较为静态的观点无法解释企业如何在瞬息万变的国际环境中求得生存。动态能力视角重视企业如何获取和保持长期竞争优势，是解释数字化与国际化之间关系较为关键的理论视角之一。目前，关于此视角的研究较为匮乏，且大部分从短期绩效进行探索。同时，在实践中也出现越来越多的企业"数字化悖论"现象，导致无法准确得出企业数字能力与国际化绩效之间的关系。基于以上考虑，本书的核心问题是探究数字化情境中企业数字能力不同维度对国际化绩效的差异化影响机制究竟为何。

为了解决这个核心问题，本书将其细化为三个子问题：（1）企业数字能力包含哪些维度，不同维度的特征是什么？（2）不同维度对企业国际化绩效的差异化影响机制是什么？（3）是否有其他边界条件影响数字能力与国际化绩效之间的关系？为了解决以上问题，本书在系统性地回顾与企业数字能力、动态能力理论以及企业国际化绩效等相关文献的基础上，在动态能力理论的指导下，构建起数字能力对企业国际化战略的影响框架。同时，将行业数字能力与企业金融化水平纳入研究模型当中，探究行业数字能力与企业金融化水平对企业数字能力与国际化绩效之间关系的调节效应。

针对企业数字能力维度划分问题，本书采取文献分析法和案例研究法相结合的方式展开论述。研究结果显示：数字化情境下，企业数字能力分为三个维度，包括数字技术嵌入能力、动态组织管理能力和商业模式迭代能力。数字技术嵌入能力代表着企业的技术发展程度和使用效果，包含数字技术感知、数字技术捕获和数字技术转换能力；动态组织管理能力主要包括动态管理能力和动态组织能力；商业模式迭代能力主要是指企业新的价值创造方式，

1

具有代表性的两种创新模式为平台模式和服务化模式。

本书以中国 A 股上市公司为研究对象，检索了部分企业 2003—2019 年的相关数据，利用文本挖掘技术对企业数字能力三个维度关键词进行了统计，采用 OLS 回归方式对研究假设进行了检验。主要研究结果如下：（1）企业数字技术嵌入能力会增强企业在国际市场中的机会感知、机会捕获以及机会转换能力从而有效促进其国际化绩效提升；企业动态组织管理能力／商业模式迭代能力在发展初期会促进其国际化绩效的提升。然而，随着这两种数字能力的提升以及国际市场范围扩大，容易形成企业组织管理和商业模式更迭方面的成本压力，加之路径依赖的影响，最终造成企业的国际化绩效下降。（2）行业数字能力提升导致的技术溢出会弱化数字技术嵌入能力与国际化绩效之间的正向关系；然而，在企业组织边界模糊、跨界融合趋势增加的影响下，行业数字能力对动态组织管理能力／商业模式迭代能力与国际化绩效之间的调节作用并不明显。（3）企业金融化主要发挥其"挤出效应"而弱化了企业数字技术嵌入能力与国际化绩效之间的正向关系。动态组织管理能力涉及企业自身内部结构变换与资源流转，在一定程度上对资金的依赖度不高。商业模式更迭能力主要受到金融化数字特性的影响，因此，企业金融化对动态组织管理能力／商业模式迭代能力与国际化绩效之间的调节作用并不明显。

本书的理论贡献与研究创新点在于：第一，在动态能力视角的指导下，重新界定了企业数字能力的内涵和维度划分，为动态能力理论在数字化情境下的理论拓展做出了贡献；第二，区分并探讨了企业数字能力不同维度对国际化绩效的差异化影响，并从长期视角分析了企业数字能力与国际化绩效之间的关系，为企业数字化与国际化之间的关系提供新证据；第三，将行业数字能力与企业金融化纳入研究框架，进一步丰富了企业数字能力与国际化绩效之间关系的边界条件研究。

目 录

第一章　绪　论

人工智能等信息化技术的使用，使得我们逐渐开始进入第四次工业革命的大门。数字化战略更是成为当前时代各个国家新的经济增长点和必争的战略选择，也是我国实现"国内国际双循环"新发展格局以及打造经济高质量发展的关键路径。以数字化技术为代表的企业数字化在过去 20 多年受到了越来越多的关注。然而，企业的数字化并不总是能够带来有益的影响：一方面是因为企业的数字化不仅带来效率提升、成本降低、技术进步等正面影响，同样也给企业带来资金压力、收益不确定、技术推广复杂等负面影响；另一方面是因为企业数字化过程是处于瞬息万变的动态环境中的，其数字化的实施必然会受到行业、区域等外部环境以及资金是否充沛的影响。基于此，第一小节首先介绍本研究的现实背景和理论背景；第二小节提出主要研究问题；第三小节解释研究意义；第四小节阐述研究内容与方法；第五小节阐述结构与技术路线。

第一节　研究背景

一、现实背景

1. 国际背景

近年来，由于全球性经济危机、逆全球化趋势加剧，世界上各个国家的国际投资低迷，众多企业开始转战国内市场。然而，实施数字化战略的跨国企业却在不断增大其在全球市场范围内的投资（詹晓宁、欧阳永福，2018）。

这是因为大数据、人工智能等新的数字技术正在彻底改变企业的经营方式和管理方式（Rothberg and Erickson，2017）。数字技术带来的万物互联使得即使是最小企业的业务也能渗透到全球市场，让企业从一出生就能够将自己定位在全球舞台的中心，从而迅速开发新的国际机会。全球化和数字化是相互依赖和相互促进的，全球化加速了技术的变化和传播，而数字化则推动着全球化更快、更广泛地发生。因此，国际化和数字化是企业发展的两大关键路径（Denicolai，Zucchella，and Magnani，2021）。为了更加清晰地探讨企业数字化与国际化战略，本节首先对国际化背景进行简单的分析如下。

（1）全球数字经济发展的现状

发达国家在数字经济方面的布局始于 20 世纪 90 年代，美国率先开启了"信息高速公路战略"，成为数字经济战略发展的领头羊。接着，日本和英国等发达国家也不甘落后，相继出台各项数字经济政策进行数字化布局，实现了信息化、网络化和智能化各个阶段发展的有章可循。但是，发展中国家的数字化布局直到近几年才相继出现，例如，2015 年印度发布了"数字印度计划"、2016 年巴西发布了《国家科技创新战略（2016—2019)》、2017 年俄罗斯完成了《俄联邦数字经济规划》。虽然发展中国家的数字化布局起步较晚，但是其数字经济增长率却高于发达国家（如图 1-1 所示）。以 2020 年为例，发达国家的数字经济规模以及数字经济占 GDP 比重要明显高于发展中国家。发达国家数字经济增长率仅为 2.99%，而发展中国家的数字经济增长率为 3.08%。这固然有我们国家在疫情防控期间经济恢复迅速做出的贡献，但是也表明，数字经济的发展并不仅仅是为发达国家量身定做的，广大的发展中国家也拥有巨大展示空间。

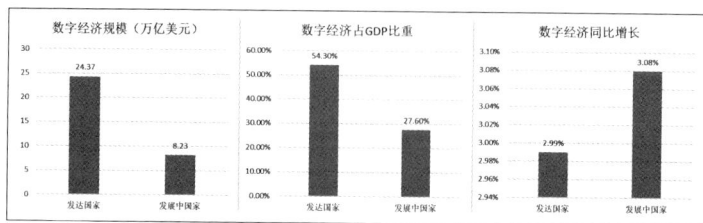

图 1-1 2020 年发达国家与发展中国家数字经济发展对比

资料来源：中国信通院

（2）全球数字经济发展趋势

第一，数字技术的发展，引领了新一轮的产业革命。

近年来，号称四大革命性技术，即人工智能、区块链、云计算和大数据的飞速发展迅速占据了各个国家的头版头条，带动了各行各业竞相在企业数字化过程中大展拳脚。数字化是一种颠覆性的、创造性的力量，正在彻底改变人们的工作、娱乐、交流、买卖等生活方式。例如，云计算为组织提供了随需应变的灵活资源；大数据分析加速了决策和组织响应；智能产品和服务通过将人工智能程序嵌入组织中，实现了自动算法决策。虽然可能不是每一项技术都像预期的那样强大，但新数字技术的广泛引入清楚地表明企业需要实施数字化战略（Verhoef et al.，2021）。

第二，数字化技术的发展，催生了新一批全球性企业的出现。

数字化技术的应用颠覆了传统贸易的商品交付模式和服务方式，打破了国际市场的贸易壁垒（潘宏亮，2021）。万物互联的时代，计算机可以在任何时间任何地点使用，改变个人和企业工作或互动的方式，并将数字内容带到商业和社会的各个角落。这种被称为Web2.0的范式转变，促进了开放创新，并导致了一波新的全球性公司的出现。因此，数字化成了企业国际扩张的新动力，为企业提供了新的工具和方法，并能帮助企业接触和服务全球客户以及组织新的经济活动和商业运营模式。

第三，全球竞争强度提升，企业面临新的机会和挑战。

由于新的数字技术出现，竞争正在急剧变化。数字化时代在拓展了产业边界的同时，也改变了商业竞争的底层逻辑（Cennamo，2021），竞争逻辑转向共生逻辑（陈冬梅、王俐珍、陈安霓，2020）。竞争不仅变得更加全球化，而且随着来自美国（如亚马逊、Alphabet、苹果和Facebook）和中国（如阿里巴巴和京东）的大型、信息丰富的企业开始主导众多行业，其竞争的强度也在增加。值得注意的是，公司估值的变化强烈地反映了这种转变。就在十几年前，标准普尔500指数中最有价值的五家公司还包括埃克森美孚、通用电气、微软、俄罗斯天然气工业股份公司和花旗集团，其中只有一家是真正的数字化公司。然而到了2018年，标普500指数排名前五的公司都是数字化公司，包括苹果、Alphabet、微软、亚马逊和Facebook。

现有的竞争越来越多的是基于平台的竞争。这种竞争挑战了现有的竞争理论假设。在传统市场中，竞争被定义为产品层面上的竞争。在给定的市场中，竞争对手被定义为在同一行业中经营、提供相似产品、瞄准相似客户的企业。然而，平台竞争是市场之间的竞争。这是因为平台中的市场边界是跨越多个（传统定义的）产品，甚至多个行业的。建立在平台上或通过平台销售的产品也是多种多样和不局限于给定的行业的。这也就意味着在平台内部，多个产品、多个市场和行业之间的相互联系和相互依赖增强，从而为最终客户形成一个集成的产品系统（Cennamo，2021）。

第四，数字化与新冠疫情共同推动新的消费模式和商业模式的出现。

随着以 5G、工业互联网为代表的新基建加速落地，全球范围内工业互联网以每年 30% 的速度增长，各大企业对于"5G+工业互联网"的认知度快速提升。同时，在新冠肺炎疫情的冲击下，远程办公、远程医疗、电子商务等逐渐出现，而且，由于信息的搜集、传递和转换等成本的降低，供给与需求之间的匹配效率提高，一大批平台型企业应运而生（Brynjolfsson and Smith，2000）。反过来，平台型企业在出现的同时也进一步促进了数字化的发展。这是因为平台经济的出现降低了交易成本，为数字经济的进一步发展提供了便利的条件（许恒、张一林、曹雨佳，2020）。

除了平台等新的商业模式出现以外，作为对数字革命的回应，消费者行为也正在发生变化。新的消费模式依赖于新的搜索和社交媒体工具的帮助，移动设备，尤其是智能手机的普及，使得广大消费者能轻松地在各类软件上购物和获取服务。这也进一步使得消费者之间的联系更加密切。市场数据显示，消费者正将他们的购买行为由传统的线下商城转移到在线商店，而数字媒体在这种客户消费模式中扮演着重要角色，影响着企业线上和线下的销售行为（Kannan and Li，2017）。

第五，数字化逐渐成为各个国家的关键战略。

数字经济是未来全球发展的大趋势，其落脚点在于企业的数字化战略。基于数字经济的重要战略作用，各个国家都在不遗余力地进行数字化建设，主要采取的手段包括：①不断加强基础设施建设。作为数字经济发展的基础，网络光纤等基础设施的完善是各个国家实施的第一步。例如，印度尼西亚于

2016 年发布了"电子商务路线图"，力图通过强化宽带建设来促进电信基础设施发展；②制定各项政策，提升政务数字化水平。例如，英国相继发布了《政府数字化战略》《政府转型战略（2017—2020）》等，这些政策的提出为落实数字化政策的顺利实施提供了国家支撑；③加强实体经济与数字经济的融合。各个国家都提出数字产业化和产业数字化战略，并积极将数字经济与实体经济进行融合，将实体经济置入数字风口之中。

2. 国内背景

（1）国内数字经济发展现状

为了打破我国全球价值链长期处于低端环节的劣势，实现新旧经济增长的转化，促进数字经济的发展成为必然手段（党琳、李雪松、申烁，2021）。改革开放以来，我们国家一直坚持出口导向，通过参与国际经济大循环，推动了我国国内经济的高速发展。2008 年金融危机以后，逆全球化的趋势不断增强，并在新冠疫情到来之后达到了高位。面对外部环境的不断恶化和竞争的逐渐尖锐，如何更好地利用国际大循环成为一个重要的议题，而数字经济带来的发展机会成为一个重要的突破口。作为我们国家的重要战略之一，我国从 2015 年就开始全力以赴地促进数字经济的发展，并在当年正式推出了"国家大数据战略"。从此以后，有关推进数字经济发展和数字化转型的政策不断出台和深化。在疫情之前，"数字经济"在连续四年间被纳入政府的工作报告之中；而在疫情之后，远程办公、在线教育等数字应用突飞猛进的发展，更是将数字经济的发展推向了一个更高的层面。我国在 2020 年的政府工作报告中提出"要继续出台支持政策，全面推进'互联网 +'，打造数字经济新优势"，2021 年的"十四五"规划也提出要"加快数字化发展、建设数字中国"。我们国家的数字经济规模在全球大环境的推动下和国家的不断努力下有了突飞猛进的发展（如图 1-2 所示）。数字经济规模自 2014 年以来逐渐上升，2020 年更是达到 39.2 万亿元，比 2014 年翻了 2.4 倍。从各产业数字经济渗透率来看，服务业由于其具备较低的大型厂房和设备等固定成本，灵活性较高（叶广宇、赵文丽、黄胜，2023），其数字经济的渗透率也最高；制造业由于其固定成本较高，其数字化渗透难度较高；农业由于严重依赖土地等自然环境，其数字化渗透率最低（如图 1-3 所示）。

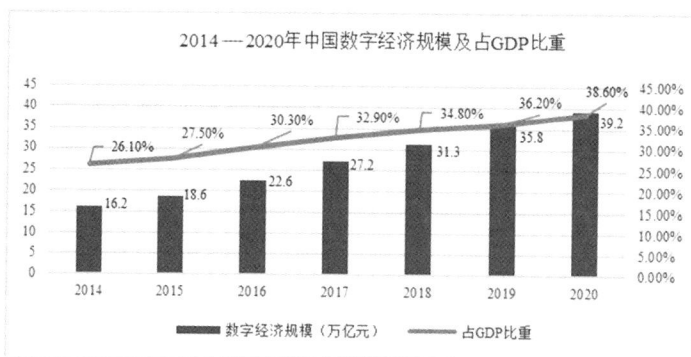

图1-2 中国2014—2020年中国数字经济规模及占GDP比重

来源：中国信通院、艾瑞咨询研究院研制及绘制

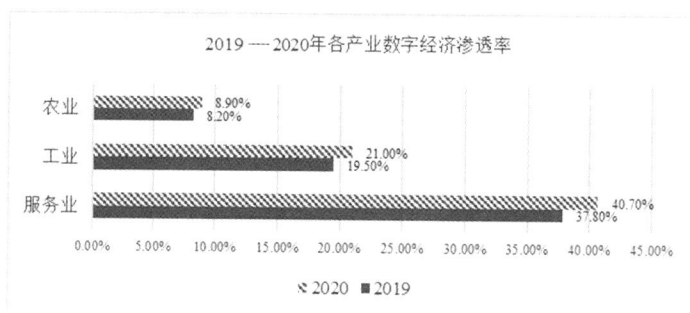

图1-3 2019—2020年各产业数字经济渗透率

来源：中国信通院、艾瑞咨询研究院研制及绘制

（2）企业数字化发展中的问题

虽然我们国家的数字化发展日新月异，但是爱尔兰的埃森哲与我国国家工业信息安全发展研究中心在 2020 年对中国企业数字化战略的成效进行抽样调查中发现，仅有 11% 的企业数字化投入转化为出色的经营绩效。这说明我国企业的数字化转型过程困难重重，除了受外部动荡的环境因素影响以外，还有很多企业自身的原因，具体来看包括如下几个方面。

第一，企业数字化经验不足，"摸着石头过河"的方法仍然是企业选择的主要路径。目前，企业数字化仍然是一个新生的事物，市场上无法给予企业家们太多的经验和教训，且由于数字化不仅仅是对数字化技术的单方面努力，还涉及组织管理、生产变革、商业模式变革等众多方面的转变，这对企业数字能力提出了更高的要求。目前，我国大部分的企业领导人已经认识到了数字化的重要性，然而却对如何进行数字化改革缺乏足够的经验。同时，受到行业动态环境的影响，大部分企业忽视自身能力开始盲目跟风，造成企业资源浪费和数字化战略的失败。

第二，组织管理能力欠缺，尤其是数字化人才队伍不够健全。数字化涉及企业的整体改革，不仅仅需要在组织结构、组织文化等方面进行努力，还需要对普通员工进行管理，注重对普通员工灌输有关数字化的相关理念更能促进组织数字化战略的成功。然而，目前我们的企业大都是领导人振臂一呼，员工却因为能力不足或者意识不够而反响不够，给企业造成资源浪费，最终造成企业数字化战略的失败。

第三，缺乏足够的资金支撑企业持续进行数字化转型。资金缺乏是企业数字化面临的最大的障碍。目前，大型企业虽然在数字化建设方面成效不错，但大都是以"砸钱"补贴的方式进行。以滴滴、拼多多等企业为例，他们通过"砸钱"获取市场份额，倒逼阿里巴巴、京东等其他大型企业也不断开始补贴。而中小企业天生就面临着资金短缺的威胁，难以进入数字化的风口之中。他们要么通过依附大型企业为生，要么就通过其他外部融资手段进行融资以维持企业的数字化战略的运转。

第四，我国现有的数字化企业全球竞争力以及话语权处于劣势，无法支撑我国数字化企业在全球范围内的进一步发展。不仅中兴与华为等高科技企业被欧美等国以"断芯"为手段进行了制裁，就连阿里巴巴和腾讯等互联网企业也被制裁。这不断警醒我们掌握全球话语权和进行数字革命的重要性。目前，全球正处于第四次工业革命的浪潮之下，数字化是其主要特征。这意味着我国企业更需要通过数字化的手段进一步融入全球市场，实现企业在全球行业中的主导地位。

3. 数字化时代的四大变革

通过对国内与国际数字经济的发展变化进行梳理，目前，我们总结出从传统经济时代到数字经济时代四大方面的变革：发展特征变革、生产方式变革、业务模式变革与组织模式变革（如图 1-4 所示）。具体来看包括如下方面。

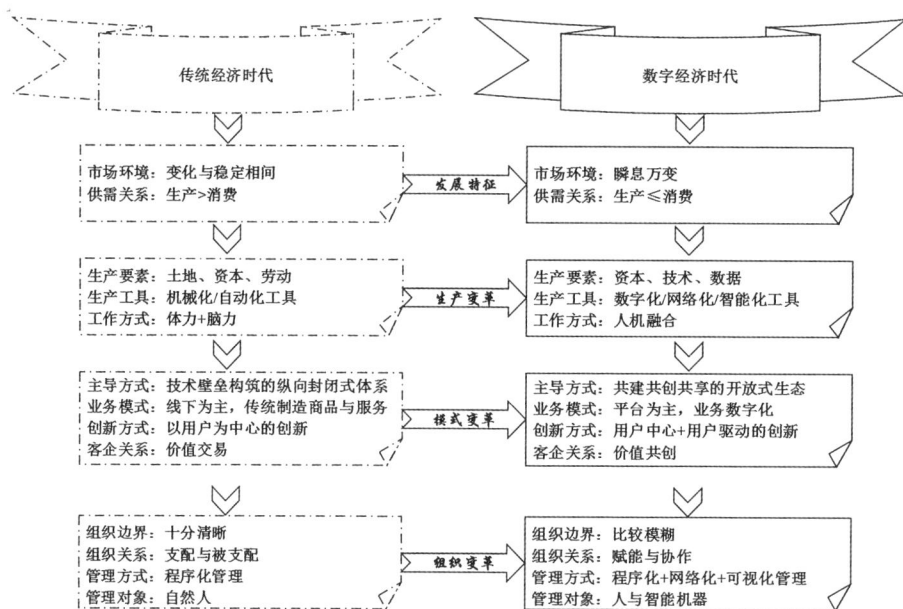

图1-4 数字经济时代的四大变革

第一，发展特征的变革。从市场环境的变化情况来看，虽然传统工业经济时代也面临着动态变化的环境，然而，其环境变化呈现出的是"变化与平稳"相间出现的特征。而数字经济时代的环境变化是瞬息万变的，这给企业决策带来了极大的影响，要求企业的组织形态从惯于处理确定性事件的静态组织向快速应对不确定性的动态组织转变；从供需关系来看，消费者逐渐成为数字经济时代的创造者，无论是从内容、方式还是网络社区，消费形态对企业的引导开始成为主流。

第二，生产方面的变革。实物和资金的流动是 20 世纪全球经济发展的标志，但如今这些流动已趋于平缓或下降。21 世纪的全球商业越来越多地被数据、信息和知识的流动所定义。因此，可以看到生产方面最重要的变革就是生产要素的变更，进而引起一系列的其他方面的变更。生产要素的概念始于新古典主义，指的是创造商品或服务所需的投入。最主要的生产要素包括土地、劳动力和资本。然而，数字经济时代的生产要素结构发生了重要的改变，资本、技术和数据成为新的关键生产要素（刘政等，2020），可以说谁掌握了资本、技术和数据，谁就掌握了市场的主动权。我们国家在 2020 年 4 月份发布了《关于构建更加完善的要素市场化配置体制机制的意见》，该意见指出中国经济五大要素为土地、劳动力、资本、技术和数据。这个与时俱进的改革也为我国企业的数字化转型提供了政策指导。在新的经济形势下，企业逐渐摒弃需要对生产资料完全拥有的观念，转向更加注重"使用"的过程，而消费者也更愿意"租用"而非"购买"；在生产要素变更的带动下，生产的工具也由原先的"自动化／机械化"转变为"数字化／网络化／智能化工具"，工作方式也由原先"体力＋脑力"变为"人机融合"，这有助于进一步提高企业的生产效率和管理效率。

第三，业务模式变革。传统经济中的企业主导方式是基于技术壁垒构建纵向封闭体系，而在数字经济时代其转为新型能力共享共建共创的开放式生态链。这也就意味着企业的价值获取方式由单一业务模式（即价值链）转为全方位服务模式（即生态链），这为企业创新赋能、实现共享共建共创提供了基础。企业与员工、客户、供应商、合作伙伴等利益相关者互动更加紧密，共享技术、资源和能力，实现了以产业生态构建为核心的价值创造机制、模式和路径变革。因此，目前企业的业务模式也由传统的工厂、中间商、零售商和消费者的单向垂直流动的价值传递方式改变为以平台和服务化为主的数字化业务模式。这意味着单纯的产品创新并不能称之为成功的数字化转型，企业数字化的终极目标都要以实现价值为导向，努力培养自身进行价值创造和价值传递的能力，转变价值获取方式，保障价值支撑体系，稳定获取数字化成效。这种新业态的特征包括：产品快速迭代、客户深度参与、组织赋能与协作增加等。

一般而言，在创新方式上，企业可以实施"用户中心"与"用户驱动"两种创新方式（赵宸宇，2021）。在传统经济时代，企业更依赖于以用户为中心的创新，通过对客户的表现行为、需求评估为基础，加强新产品的开发，更加贴切地满足他们的期望，而在数字化时代，以用户为中心的创新已经不能很好地满足消费者的需求，由用户驱动的创新开始被广大企业所采用。用户驱动创新要求公司与个别客户合作开发新产品，以触发和实施共同创造价值的举措。在这两种创新的方式下，可以确保企业和客户之间的迭代参与过程，这代表了双方可持续的价值生成循环的基础。同时，也代表着企业与客户之间的价值关系，逐渐从产品主导逻辑的价值交易转变为服务主导逻辑的价值共创（张志菲等，2023）。

第四，组织方式变革。传统的工业经济时代，组织间的边界十分清晰，其竞争对手也是同行业之间的纵向竞争对手。然而，数字化时代模糊了企业边界（魏江、刘嘉玲、刘洋，2021），企业之间的竞争不仅体现在同行业之间的竞争上，更是加入了不同行业中企业的横向竞争。经理们越来越多地面对着新数字技术的出现，这些技术模糊了市场边界，改变了代理人的角色[①]。例如：打败电信运营商短信业务的不是其他运营商，而是互联网企业中的微信和QQ；打败传统相机行业的是智能手机的出现。这一系列的变革说明，企业的竞争环境更加残酷和变幻莫测。虽然组织间的竞争加剧，但是组织间的关系也更多地显现出赋能和协作的状态。不同组织开始构建新的价值共创生态圈，其典型特征是信息互通、资源共享、能力协同、开放合作。为了提升组织的灵活性，组织中的管理方式也对传统的程序化管理进行了突破，转向程序化＋网络化＋可视化的管理方式。管理对象也从具有强烈独立性、自主性和自我价值实现需求的自然人转向人与智能机器人共存的局面。

4. 企业在国际化过程中面临的困难

（1）受到数字化变革的影响，全球企业面临的商业环境更加扑朔迷离和变幻莫测

世界正在经历一场新的知识前沿的数字革命（Teece，2018），支撑物理设备的技术正在从模拟的电子和机械转变为数字，内容也通过数字而不是物

---

① 例如，客户成为联合生产者，竞争对手成为合作者，公司垂直整合或绕过现有合作方。

理方式传输。数字化战略不同于传统形式的战略变革，其基础是数字技术，这加快了变革的速度，导致了更大的环境波动性、复杂性和不确定性。环境的动态变化意味着全球化中的企业需要及时更新和转换其数字化能力。

（2）受到数字化变革的影响，全球企业需要建立新的数字能力以开展持续创新

基于数字环境的不确定性，企业家必须不断地审视他们的环境，以寻找新兴的竞争威胁。这种快速的变革要求企业进行持续创新，以应对威胁和把握新的机遇。快速变化的全球竞争环境需要不断地修改，如果有必要还需要彻底地修改企业正在做的事情，以便与企业所占据的生态系统保持良好的匹配（Teece，2012）。此外，大部分的创新都是基于软件的，这种产品创新的成本比较低，进一步加剧了以创新为目标的竞争（Helfat and Raubitschek，2018）。因此，数字化转型中的全球企业面临持续竞争创新的威胁。

（3）受到数字化变革的影响，全球企业的数字化发展需要警惕"路径依赖"问题

现有跨国公司在建立和维持新的数字化战略方面面临着"路径依赖"的挑战。随着时间的推移，组织往往会变得更加静态，对环境的适应能力较弱，尤其是当企业从过去的管理和商业模式中受益时，这种路径依赖问题将更加严重。因此，如何突破"路径依赖"陷阱，构建新的能力是数字化情境下跨国企业不得不面对的重要问题。事实上，众多学者认为数字化转型中的企业比工业经济时代的企业更容易克服路径依赖（易加斌等，2022）。然而，在企业实践中，企业前期的数字化战略会由于体量小、投资承诺较低，且消费者并未形成黏性而容易促成企业的灵活性转变。但是在企业数字化战略中后期，企业一方面由于投资承诺较高，形成的垄断优势使得企业获得高额的收益，企业为了维护其自有的垄断优势地位很难进行机制转变；另一方面，已经形成的商业模式也造成企业用户的惯性甚至惰性，更加使得企业难以转变机制，这就使得企业错失了其他市场机会。

二、理论背景

数字化时代的资源（尤其是信息资源）实现了井喷，企业可以获取全球资源以促进其跨国扩张。这意味着企业跨国战略中的资源获取问题得以解决，如何提升跨国企业整合和使用全球海量资源的能力才是目前跨国企业应该关注的重点问题，而动态能力被认为是企业利用资源的过程，特别是整合、重新配置、获取和释放资源以匹配甚至创造市场变化的过程。也有学者认为，动态能力是企业在市场出现、碰撞、分裂、发展和死亡时，力图实现新的资源配置和战略管理（Eisenhardt and Amartin，2000）。鉴于数字化时代翻天覆地的经济形势的变化，研究人员特别强调，动态能力能够帮助跨国企业在数字市场环境中通过创造、交付和挪用新形式的价值来改变企业的经营方式（Wielgos，Homburg，and Kuehnl，2021）。这意味着在数字化时代，跨国企业需要在动态能力理论的指导下，构建数字能力以应对全球市场的经济变革。因此，探讨企业动态能力在新形势下的数字化表现极为重要。

动态能力理论是工业经济时代的产物，其演变首先是从一种组织能力开始的，主要指一种资源配置（Sirmon，Hitt，and Ireland，2007）。从本质上说，动态能力来自对资源的巧妙捆绑或编排；随着技术变革的突出，动态能力又被认为是一种技术能力（罗顺均，2014）。企业的组织和管理技术及其跨越地理距离和边界的转移技术的能力与企业的全球能力密切相关（Teece，2014）；另外，动态能力十分注重对企业知识的获取。因此，动态能力又被认为是能够创造组织知识的能力（Wang and Ma，2018）；同时，Zollo 和 Winter（2002）认为动态能力是一种集体学习方式（主要是有意图的惯例制定），这主要是基于企业需要利用新知识改造现有能力而提出来的。

另外，动态能力在不同情境下其维度划分也各有差异。例如，魏江和焦豪（2008）从创业导向和组织学习的视角指出，动态能力主要涉及组织柔性、技术柔性、环境洞察及变革更新等方面的能力（Zollo and Winter，2002）。Caloghirou 等（2004）认为动态能力是一种高阶的组织惯例，所以应该包括：①活动的协调和综合（即协调／整合过程）；②重复和试验，使任务能够更好更快地执行，以及确定新的机会（即学习过程）；③对企业资产结构进行重新配置，以实现必要的内部和外部转型（即重组／转型过程）（Caloghirou, Protogerou, and Spanos, 2004）。由于动态能力是以创新为基础的，是提供创建、扩展和修改企业资源基础的能力（Helfat and Raubitschek, 2018），因此，动态能力通常被认为应该包括三大类：①确定和评估机会（感知）；②调动资源以抓住机会并从中获取价值（抓住）；③持续更新（转化）（Vial, 2019）。这三种能力通常被称为三种高阶的能力，是可以为企业扩展、修改或创建普通能力的能力。

目前，关于数字能力的分类方式，许多研究者也是以动态能力理论所提出的企业基本的三大动态能力为依据的。但是，由于动态能力的构建是基于传统经济视角下的能力构建，虽然在一定程度上能够得出有益的结论，但这种能力划分方式对指导企业实践的价值有限。主要是以下几方面的原因。

第一，数字化情境中的环境变化并不是循序渐进的，瞬息万变才是数字化情境中的环境动态特性。这也就意味着，感知机会固然重要，创造市场机会成为企业获取先发优势的重要手段（蔡莉等，2018）。同时，机会感知也比以往更加复杂，不仅需要利用先进的技术进行预判，还需要加入管理者个人的感知能力（Warner and Wäger, 2019）；机会捕获也不仅仅应该从技术和管理的角度出发，还需要构建适当的商业模式以实现新的价值创造（易加斌等，2022）；资源和能力的提升也需要企业多重能力的组合才能实现。因此，仅基于动态能力所提出的三大基础能力而构建的数字能力不足以解释企业数字能力的含义。

第二，虽然三种高阶动态能力是企业最终竞争力或者绩效提升的杀手锏，然而，学者们大都强调这三种高阶能力的作用（李彬、王凤彬、秦宇，2013），并以理论叙述的方式对企业如何实现这三种高阶能力进行了分析，却未对如何实现这三种高阶能力的战略行为进行实证检验和论证。例如，在数字化情境下，有研究是从企业数字领导者尤其是平台领导者所需的动态能力进行探讨，他们认为，领导者应该具有创新能力、环境扫描和感知能力以及生态系统协调整合能力。也有学者通过让领导对个人的动态能力进行阐述发现，数字化中的企业动态能力应该包括数字感知、数字捕获和数字转型能力。

但是，以上两种论述仍然是对三种高阶动态能力重要性的进一步强化，对于如何实现三种高阶能力的多维战略能力仍未进行有效探索。

第三，先前针对企业数字化中的能力构建大都认可其积极的、短期的正面影响（Ciampi, Demi, and Magrini, 2021），普遍忽视企业数字化战略中的"路径依赖"问题。然而，研究结果显示，大多数组织在他们的数字化转型计划中失败，失败率在60%至85%的范围内（Sousa-Zomer, Neely, and Martinez, 2020）。这也就意味着，数字能力不能仅考虑其短期影响，也需要考虑其长期的影响。目前，大多数的研究学者都认为数字能力的建构能够有效帮助企业克服路径依赖问题。然而，无论是在企业实践中还是学术研究中，我们发现，数字化中的企业更容易落入"路径依赖"的陷阱（Keller, Ollig, and Rövekamp, 2022）。这是因为数字转型比传统变革更难实现，因为它涉及对不断变化环境的持续适应，即使组织成功转型，转型的需求也不会减少。比如企业需要重复利用现有能力发挥新的效用、重新调整资源以应对新的挑战、修改现有组织结构以适应新的模式以及重构客户消费习惯以推出新的产品和服务等。这些挑战比非数字化时代所带来的负面影响更加深远。这要求我们不能只关注企业数字能力所带来的积极的短期影响，忽视能力升级带来的长期负面影响，否则将会造成对企业数字能力与绩效之间关系的混淆。

除此之外，有学者也试图脱离动态能力理论对企业数字能力进行探索，然而，关于企业数字能力的研究尚在起步阶段，因此相关的研究结果较为碎片化。

先前的学者似乎致力于解决企业的单个目标，因此很多学者是从一个单一的动机视角来研究企业数字能力的构建的，这使得先前对于企业数字能力的研究较为碎片化。例如，部分学者分别对数字营销能力（Apasrawirote, Yawised, and Muneesawang, 2022）、数据驱动能力（Chen and Tian, 2022）、数字商业能力（Wielgos, Homburg, and Kuehnl, 2021）、动态服务分析能力（Cahen and Borini, 2020）、数字信息能力（Li and Chan, 2019）等数字能力进行了研究。这一狭窄的研究视角无法描述企业数字能力的全貌，亦无法为全面地、真实地解读企业数字能力带来的绩效及其影响机制提供有益的参考。由于数字时代的能力水平和业务绩效源于与企业特定环境相关的数字能力组合，例如企业治理方式、组织文化、技术创新、商业模式变更等，同时，企业的数字化战略也不仅仅是在单一的过程中实施新技术、新流程等（李彬、王凤彬、秦宇，2013），这也就意味着在数字化情境下，企业的数字能力应该是一个多维度构念（Denicolai，Zucchella，and Magnani，2021）。我们从目前对数字能力的研究中发现，数字能力大致应该包括三个部分：①以区块链、大数据、云计算等为代表的技术方面的数字能力；②嵌入整个企业数字化过程中的组织结构、管理方式等方面的数字能力；③与核心客户相关的商业模式方面的数字能力。这也就意味着，数字能力构建也应该从以上三个研究视角进行更加深入的探索。因此，为了同时满足数字化情境下多维度对企业能力组合的要求以及企业绩效提升的多维度要求，有必要对企业数字能力构建重新进行梳理。

通过相关文献分析我们发现，企业能力与国际化绩效之间的解释理论主要集中在动态能力理论、吸收能力理论、网络理论和制度理论等方面。这些理论都在不同方面解释了企业数字能力与国际化战略之间的影响机制，动态的数字化环境中，拥有动态的数字能力对企业国际化绩效的提升尤为重要。但是，目前关于企业数字能力与国际化绩效之间的关系尚不明晰，主要体现在以下方面。

第一，目前关于企业数字能力与国际化关系的文献大都试图以静态的资源基础观进行探讨，无法有效解释企业在瞬息万变的国际市场环境下的企业行为（Cassetta，Monarca，and Dileo，2020）。资源基础观认为只要在组织实践过程中嵌入异质性资源，或者在公司内部与其他复杂独特的资源一起实施，数字化的技术优势就可以被有效利用。然而，数字化时代，企业对资源"使用"的重视超过了对资源的"占有"。因此，资源本身并不能成为价值，其价值体现在如何运用资源以及如何管理组织才能使之产生持续的竞争力上（Bharadwaj，2000）。同时，资源基础观忽视了外部动态环境变化带来的重要影响，这会降低企业的决策和战略行为的有效性（Wang and Ahmed，2007）。动态能力理论对于资源的利用与更新进行拓展，是由于其充分考虑环境变化因素并开始被运用到瞬息万变的数字化环境中（Sousa-Zomer，Neely，and

Martinez，2020)。动态能力理论是战略管理文献中最活跃的研究方向之一，它解释了企业如何应对快速的技术和市场变化。由于动态能力能够从根本上创造并保持企业的竞争优势，提升企业绩效，因此动态能力理论被认为可以嵌入到更多的研究情境之中。目前，许多人认为企业需要新的动态能力来保持其在数字经济时代的竞争力，动态能力较弱的企业很可能会在高度动态的数字经济环境中落后 (Raj，Dwivedi，and Sharma，2020)。

第二，大多数实证研究倾向于以单一的技术或者商业模式作为企业数字能力的代表来探究其对国际化绩效的影响。目前，关于企业数字化与国际化之间关系的研究大都是进行理论分析和案例研究，仅有少数验证数字化与国际化关系的实证研究也大都从单一技术能力或者商业模式能力构建的角度进行解释，无法深入解释数字化情境下，不同维度数字能力对国际化绩效的差异化影响。由于企业数字化通常涉及多个层面和多个参与者，它还需要与各种技术、组织和制度等因素进行互动 (刘淑春等，2021)。为了应对这些复杂性，我们需要对数字技术、数字创新、数字化过程以及相关参与者和环境的概念进行更完整的分析和解读 (Nambisan，2017)，使企业能够获取必要的资源和开发更强大的动态整合能力，从而促进企业在国际数字领域的发展。根据动态能力理论提出的三种高阶能力，在目前的研究中关于数字化战略中的每个单一维度也仅能帮助跨国企业获取其中的一种或者两种高阶能力。因此，有必要从多维度探讨企业数字能力对其国际化的差异化影响。

第三，"数字化悖论"的存在使得我们需要从长期动态的视角探讨企业数字能力与国际化绩效之间的关系。有部分学者看到了"数字化悖论"的存在，即企业数字化无法给企业带来预期收益和绩效提升。这对企业数字化情境下动态能力的建设提出了更高的要求。"数字化悖论"并不同于"生产率悖论"，后者被用于信息和通信技术。生产率悖论强调了对技术投资并不总是会带来预期生产率提高。"数字化悖论"是将数字化投资与提高企业收益联系起来的，而不仅仅是提高生产力 (Gebauer et al.，2020)。这一悖论表明，尽管企业可能会投资于数字化，但它们往往无法实现预期收益的提高。针对这一悖论，我们认为目前有两种可能的解释。第一种可能是企业数字化中构建的数字能力从短期来看对绩效有提升作用，从长期看对绩效有负面影响。这是因为企业极容易对以往已经获得收益的行为或者战略深信不疑，以至于产生"路径依赖"。也就是说，当企业开始进行数字化时，数字化中的技术、管理以及商业模式突破了传统的约束，尤其对那些率先开展数字化转型的企业来说，绩效提升会更加迅速。然而，随着环境的动态变化以及企业市场范围的扩大，尤其是实施国际化战略的企业，他们面临的市场范围更加广泛与复杂，这会阻碍企业技术和服务标准的推广以及服务范围的提升。同时，由于受益于先前盈利模式，企业会陷入路径依赖的困境，难以进行新突破和新发展（Teece，Pisano，and Shuen，1997）。在这种情况下，企业数字能力的长期正向影响呈现出下降的状态。也就是说，企业依靠数字能力提升与国际化绩效呈现倒"U"的关系。第二种可能是企业数字能力从长期来看对绩效有促进作用，从短期来看对绩效有抑制作用。这是因为，企业数字化过程中技术、管理、商业模式等带来的价值并不能立刻显现。数字化发展前期的企业为了数字化做了大量准备，但是收益却有延迟。因此，企业数字化前期绩效呈现出下降的状态。随着数字化程度的加深，企业数字能力提升带来的收益则能够显著促进国际化绩效的提升。在这种情况下，企业数字化中构建的数字能力应该与国际化绩效呈现"U"型的关系。目前的研究虽然已经认识到这种现象的存在，但是尚未对这种悖论进行有效的实证检验。从以上分析可以看出，企业的数字能力仅对企业部分阶段的绩效提升产生正面影响，然而究竟是何种理论机制还有待实证的检验。

第四，引入边界条件是该研究主题需要直面的重要任务。关于企业数字能力与其国际化绩效之间的模糊关系，还可以通过加入一些重要的边界条件进行更深层次的探究，例如行业数字能力和企业金融化。

动态能力理论十分强调企业需要比行业内的竞争对手提前构建、维护和增强独特的、难以复制的竞争优势。行业环境的变化是企业外部环境的一个重要表现（许晖、纪春礼，2012）。企业的决策和行为方式在很大程度上受到其所属的社会关系和社会圈子的影响（Winston and Zimmerman，2003），这一方面是企业为了获取合法性，另一方面也是为了竞争性考虑。因此，数字化情境下行业内其他企业的行业数字能力将会影响焦点企业数字能力带来的价值大小，而且，数字化环境下企业愈发倾向于将竞争关系转变为合作共生关系，这意味着企业对其所处的行业生态环境的依赖逐渐增大（李勇建、陈婷，2021）。因此，行业数字能力的影响不容小觑。

动态能力理论也强调了专有资产即金融杠杆在企业中所发挥的影响力。由于企业数字能力需要长期维持和更新，故而需要企业进行源源不断的资金投入（Winter，2003）。同时，企业的国际化和数字化战略也需要大量的资金支持（Jean and Kim，2020）。因此，数字能力与企业国际化绩效之间的关系必然受到企业资金是否充足的影响。目前的研究中，尚未对行业数字能力与企业金融化这两个边界条件进行探讨，因此有必要进一步分析这两个边界条件所起的作用。

综上所述，先前的研究在探究企业数字能力方面还比较匮乏，在具体的战略行为方面还需要做出详细探索，并需要进一步分析不同维度的数字能力对企业国际化绩效的差异化影响机制。同时，行业数字能力以及企业金融化水平这两个重要的边界条件应该纳入研究模型中。最后，重点探讨企业数字能力及其对企业国际化绩效的影响机制问题，同时分析行业数字能力与企业金融化对二者关系的调节作用。

第二节　研究问题的提出

根据以上的现实背景以及理论背景，本书着重探讨的核心问题是企业数字能力及其与国际化绩效之间的影响机制。具体可以分为以下三个核心问题。

第一，数字化情境下，企业动态能力的数字化表现——数字能力的内涵及其细分维度是什么？

数字化情境下的四大变革意味着企业无论是从组织发展特征、管理方式，还是业务模式方面都发生了翻天覆地的变化。这要求企业重新建立动态能力以适应新的数字化经济时代要求。这也引出了一个关键问题：数字化情境下，作为企业动态能力的数字表现——企业数字能力的内涵是什么、究竟包含几个细分维度、不同维度的特征是什么？如前所述，先前基于动态能力理论所构建的数字能力既忽视了瞬息万变的数字环境，无法囊括目前企业需要构建的能力，又普遍忽视了"路径依赖"的问题。这种忽视将无法严谨地解释数字能力究竟是什么以及会给企业（国际化）绩效带来何种影响。

根据文献分析我们发现，数字化战略具有全景式特点，需要企业的各项职能和运营战略保持一致，而且数字化战略是构建一个生态系统的过程，不仅包含技术的创新与更迭，管理上的组织重构与开放（戚聿东、肖旭，2020），还应该考虑整个商业模式的转变与更新（江积海、唐倩、王烽权，2022）。例如，企业管理能力的提升会帮助企业领导人对市场机会和威胁进行感知；对数字技术的投资会使企业基本技术能力有所提升（Zhang and Gu，2021）；而对数字商业模式的投资则是企业实现重新配置现有业务模型和战略能力最具代表性的体现（Bounc,ken,and KrausRoig-Tierno,2021）。因此，数字化情境下，企业数字能力应该从技术、管理和商业模式三个方面进行探讨。这种从不同维度进行的分析可以有效解释企业数字能力的构建过程以及影响机制。

第二，企业数字能力与国际化绩效之间的影响机制是什么？

世界各地的企业都面临着如何管理其组织以适应数字时代变幻莫测的市场环境的问题，而企业数字化的最终目标都是要实现企业竞争力和绩效的提升。因此，探究数字能力与企业国际化绩效之间影响机制这个问题是对动态能力预测效果进行的检测。由于我们将此问题放置到国际化情境中，这将比单纯国内商业活动面临更大的收益不确定问题。一方面是由于国际情境中文化、经济、政治等的差异带来的差异化挑战（李洪、叶广宇、赵文丽，2019）；另一方面是由于跨国情境下，经验欠缺带来的未知性挑战。为了解决这个问题，我们需要将企业数字能力对企业国际化绩效的影响进行细分，重点探讨不同维度下的企业数字能力对国际化绩效的差异化影响。这一方面能让企业在进行战略安排时有的放矢；另一方面也能更加有效地预测不同维度下国际化绩效的高低，为动态能力在数字化与国际化情境下的预测效果提供更加规范和翔实的理论支撑。

第三，数字能力与国际化绩效之间的关系是否受到行业数字能力与企业金融化两个边界条件的影响？

该问题是对动态能力理论的进一步应用。根据动态能力理论的指示，企业需要及时适应甚至超越行业和市场环境的动态变化，才有可能提高企业的运营效率和实现可持续发展战略（陈庆江、王彦萌、万茂丰，2021）。因此，企业在行业内社会关系的有效建立才能够为企业的数字化战略提供更加广泛的发展空间。同时，由于同群效应的存在，企业之间会产生明显的模仿或者跟随行为（李雯晶、蒋青云、刘婷，2020）。例如，管理者通过模仿其他管理者在类似情境下的决策来降低决策失败的风险，也可以通过模仿其他企业成功的行为来改善企业组织和绩效，甚至借助行业的"风口"，提升企业的影响力。因此，行业数字能力也会显著地对企业数字能力与国际化绩效之间的关系产生影响。

动态能力理论认为企业的金融杠杆是影响企业战略的一种关键要素（Teece，2014）。同时，企业在数字化实践中，其投资成本高昂，使得企业的数字化过程比传统的企业发展过程更为艰难，因为它涉及对不断变化的环境的持续适应，即使组织成功进行数字化，企业对数字化的投资也不会减少（Sousa-ZomerNeely and Martinez，2020）。例如，企业不仅需要对技术进行大量投资，还需要对管理、商业模式等方面进行投资以支持企业的战略布局和组织变革，而且，随着企业国际化程度的加深，企业国外市场范围的扩大，对企业资金供应提出了更高要求，面对这些资金压力，金融化水平的提升能在一定程度上缓解企业的融资约束问题（Alam, Uddin, and Yazdifar，2019）。但是，金融资产的"挤出效应"也有可能会占用企业有限的资源，使得企业数字化带来的效益并不能显著地呈现（周雪峰、韩永飞，2022），而且动态能力理论也指出，企业战略实施在很大程度上也会受到公司现金状况和杠杆状况的影响（Teece, Pisano, and Shuen，1997）。同时，先前的研究都是从传统金融特性进行探讨的，因此，大多数的研究结论认为企业金融化的"挤出效应"高于"蓄水池效应"。但是，随着数字化的到来，金融化也带有数字特征。通过一系列的数字化技术使用，可以降低借贷双方的信息不对称，增加新的企业合作方式（唐松、苏雪莎、赵丹妮，2022），因此，金融化自带数字特征产生的影响也应该被考虑。最终可以认为，企业金融化水平会对企业数字能力与国际化绩效之间的关系产生调节作用。

第三节 研究意义

一、理论意义

第一，我们重新分析了数字化情境下，动态能力新的表现形式 —— 数字能力的内涵以及此概念包含的具体内容，通过将先前研究中碎片化的数字能力进行重新整合分析，并结合微观企业的数字化战略行为，构建了企业数字能力的多维能力框架。数字能力超出了早期研究中仅强调知识和技术要素的范围，更明确地显示了数字技术嵌入能力、动态组织管理能力以及商业模式迭代能力应该作为企业竞争和国际化绩效提升的决定因素，这不仅有助于理解企业数字能力的构建，也拓展了动态能力的应用范围。

第二，探讨了数字能力不同维度对国际化绩效的差异化影响机理，为完善企业国际化绩效对因变量的探究提供新理论解释。同时，这也有助于进一步丰富企业数字化的后续研究，为企业国际化战略的实施和企业长期竞争力建立提供新的实证研究思路。

第三，从长期视角探讨企业数字能力与国际化绩效之间的关系。与先前的研究不同，本研究尤其关注企业数字能力在长期视角下对企业国际化绩效的影响。这有助于进一步解释数字能力与国际化绩效之间的复杂关系。

第四，本书同时增加了企业数字能力与国际化绩效之间关系的边界条件，探讨了行业数字能力与企业金融化的调节作用，为进一步厘清数字化背景下企业数字能力与国际化绩效之间混乱的关系提供了另外一种解释视角。

二、现实意义

本书聚焦于从微观层面探讨企业数字能力对企业国际化绩效的影响，相关的研究结论可以为企业实践和管理者提供可参考的决策依据，具体包括如下几个方面。

第一，有助于指导企业家构建数字能力。企业数字化转型通常涉及全公司范围的数字化战略，不仅需要对数字化技术进行投资，还需要将它们嵌入企业的组织结构中。同时，数字化也涉及推出新产品、进行流程创新和采用新的营销方法等（Denicolai，Zucchella，and Magnani，2021）。因此，组织的管理者在指导企业开展数字化动态能力构建时要整体探讨技术、管理和商业模式三个方面的数字能力。

第二，有助于指导企业如何通过构建数字能力实现其国际化战略。数字化在一定时期内和一定条件下可以有效促进企业国际化绩效的提升，因此，参与国际商务活动的企业可以采用一系列数字化措施来促进国际商务活动，尤其是那些中小企业（Gregory，Ngo，and Karavdic，2019）。企业需要认识到，数字化不仅可以帮助企业降低部分国际经营成本，改善国际交易流程，还能够帮助企业有效进行国际市场预测与提高企业全球价值链地位。但是，企业需要警惕数字化带来的竞争力减弱、成本上升、路径依赖等威胁，企业需要及时调整策略，为扭转收益降低的局势做好准备。

第三，有助于指导企业识别有关行业、生态圈等在内的外部环境变化带来的机会以及威胁，并指导企业在国际化与数字化实施过程中，通过金融化来缓解内部的资金约束。由于企业数字化是嵌入组织所在的生态之中，不仅行业数字能力会对企业数字能力与国际化绩效之间的关系产生影响，组织所在的生态圈也有可能给企业带来巨大的影响。因此，企业的管理者需要对行业或者区域的数字化动态进行及时预判，并做出相应的改变。同时，当企业在国际化与数字化战略实施过程中面临资金短缺时，企业对各种类型的金融化投资应该控制在一定的范围之内，应该尽量发挥数字金融的特性以弥补传统金融给企业带来的"挤占效应"。

第四节　研究设计

一、研究内容

第一部分：数字能力的概念认定及维度划分问题。

该部分尝试在动态能力理论的指导下，基于文献分析与案例分析对企业数字能力进行概念分析与维度划分。数字能力的概念界定与维度划分问题是正确认识和分析数字化究竟会带来何种影响的第一个步骤。维度划分的混乱是造成数字化与企业国际化绩效之间混乱实证结果的重要原因之一。因此，有必要首先对企业数字能力的概念界定与维度划分问题进行详细探讨。

第二部分：数字能力不同维度对企业国际化绩效的差异化影响。

该部分尝试从数字能力的不同维度来探讨其对企业国际化绩效的影响。数字技术嵌入能力其实更应该叫信息化能力，因为它指的是将模拟信息编码成数字格式（即 0 和 1），以便计算机能够存储、处理和传输这些信息。通常数字技术嵌入的主要目的是将内部和外部文档过程数字化，但不会改变价值创造活动。动态组织管理能力是通过利用数字化技术对组织结构、组织文化、人员培养、战略协调等方面进行的努力（李唐、李青、陈楚霞，2020），通常也不会直接产生价值。但是，商业模式转型能力可以被理解为对公司、客户和其他利益相关者的业务价值逻辑下的一个或多个组件进行重新配置的深思熟虑的过程。这是一个至少需要对一个核心价值维度进行重大修改的过程，因此需要用新的方法来创造、提出或捕获价值。可以看出，三个方面的数字能力侧重点不同，其对企业国际化绩效的影响也不尽相同。因此，对数字能力进行维度细分有助于进一步理解数字能力与企业国际化绩效之间的关系。

第三部分：对数字能力与国际化绩效之间的边界条件进行探究。

由于数字能力与国际化绩效之间的影响因素太多，如果未能有效探究相关的边界条件，对二者关系的研究将失之偏颇。数字经济时代，市场环境和市场竞争瞬息万变，动态能力理论极其强调对外部环境的探讨和分析（Helfat and Martin，2015），而行业数字能力的高低影响着企业数字化的程度，有必要加入行业数字能力作为二者关系的调节变量。同时，动态能力指出，企业资金是企业重要的专有资产，资金缺乏会阻碍企业能力提升和价值实现。因此，我们也有必要将企业的金融化水平加入研究模型。

最终，本书以我国 A 股上市公司为研究对象，以动态能力视角为理论指导，通过案例分析以及文献分析来企业数字能力进行维度划分；接着，通过文本分析技术以及实证分析检验数字能力三维度对国际化绩效的差异化影响；最后，探究行业数字能力以及企业金融化的调节机制。

二、研究方法

基于研究内容的多样性与层次性，我们采用的研究方法也较为多样，主要包括：文献分析法、案例研究法与统计研究法。

第一，文献分析法。文献分析法主要针对各个变量的研究现状、维度以及研究缺陷等进行理论分析，对先前的研究主题、研究趋势以及变量关系等内容进行因果分析。文献的来源主要从 Web of Science、中国知网、谷歌学术等网站进行获取，接着通过阅读相关文献进行总结与分析。同时，为了更好地寻求理论指导，我们也对有关国际化和数字化中出现的相关理论进行逐一分析理解，探讨不同理论视角下的企业数字化行为逻辑与国际化战略实施的因果关系，进而总结出相关研究局限，并做进一步的分析与研究。

第二，案例分析法。鉴于企业数字化维度的复杂与多变，加之目前的研究文献并未详细探讨数字能力的概念剖析及维度划分问题，我们采取了案例分析方法与文献分析法相结合的方式对企业的数字能力维度进行探讨。这样的研究方法能够更加准确地总结出企业数字能力的概念和维度，为更好地探讨企业对国际化战略产生的差异化的影响提供理论依据。

第三，统计研究法。文献法与案例法仅能对数字化的影响进行初步分析，更加精准的分析结果还需要相关的统计数据进行验证。因此，本书通过对我国的上市公司进行分析，检验了企业数字能力与国际化绩效之间的影响机制。

同时，本书还分析了两个边界条件（行业数字能力与金融化水平）对二者关系的影响机制。本书主要运用了 Stata16 这个主流统计软件进行数据整理、分析与计算。该软件由于其功能强大、计算迅速而被广大学者所使用，在具体的统计分析过程中，我们主要采用了最小二乘法进行回归分析。

三、技术路线

本书的技术路线图包括研究思路、研究内容和研究方法三部分（如图1-5所示）。

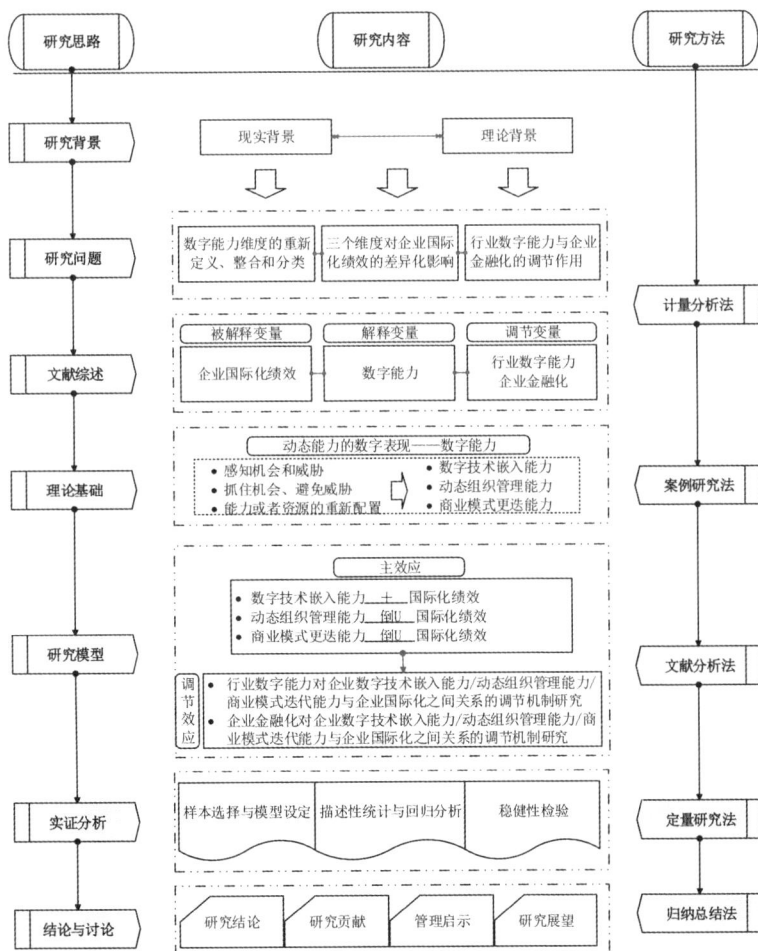

图1-5　技术路线图

第五节　章节安排

根据研究背景、研究问题和研究思路，本书将整个研究分为六个章节进行梳理和写作，具体安排如下。

第一章是绪论部分。主要探讨的是研究的现实背景和理论背景；接着根据两个研究背景提出相应的研究问题，并探讨了研究的理论意义和现实意义；最后，整体描绘了研究内容、研究方法与技术路线。

第二章是文献综述。该章节是基础篇章，通过计量分析的方法，详细论述了数字能力这一核心概念的起源与发展，现有研究主题以及研究缺陷。接着，详细地对企业数字能力、动态能力理论、国际化绩效（包括经典理论，国际化的驱动因素等）、行业数字化、企业金融化等概念进行解析，明晰了当前的研究内容和方向，为后续的研究打下基础。

第三章是第一个核心问题的论述部分，主要是采用文献分析法和案例分析法对企业数字能力进行了概念剖析与维度划分。运用案例分析方法将企业数字能力分为：数字技术嵌入能力、动态组织管理能力与商业模式迭代能力三个维度。接着，又详细探讨数字能力三个维度之间的联系和差异。

第四章呈现实证分析部分。主要包括了理论分析与假设提出。该部分详细叙述了数字能力三个维度对企业国际化绩效的差异化影响机制。同时也详细描述了行业数字能力与企业金融化两个调节作用所产生的影响。

第五章汇报了样本选择与数据来源、回归结果与分析。最后，又进行了稳健性分析，为研究结果的准确性提供了更严谨的检验。该过程主要是通过Stata16进行，研究结果总体上支持了企业数字能力三个维度对企业国际化绩效的差异化影响以及影响二者关系的调节机制。

第六章是结论与讨论部分。首先对所有的假设支持情况进行了汇总，并对研究结果进行讨论与分析，进一步明确研究贡献。同时，为了进一步丰富研究价值，总结了相关的管理启示。

第二章 数字能力相关概念的文献综述

第二章节主要是对本研究涉及的相关变量、研究情境和理论视角进行文献综述。一方面通过文献计量的方式对数字能力进行分析与总结；另一方面，通过文献精读的方式，对有关数字化、数字能力、动态能力、国际化绩效、行业数字能力以及企业金融化的相关研究进行分析总结。

第一节 数字能力的文献计量分析

一、文献的检索方式

为了准确探究数字能力的研究现状，本章首先对企业数字能力的相关文献进行了检索。其中，英文文献主要来源于 Web of Science[①] 和谷歌学术，并将条件设置为 SSCI（社会科学引文索引）和 SCI（科学引文索引）中的文献。中文文献来源于中国知网，且选择 CSSCI（中文社会科学引文索引）核心期刊。本书对中英文文献中关于数字化能力、数字化转型能力、数字能力、IT 能力、数字动态能力等关键词进行了检索。由于数字化战略是在2000 年以后开始逐渐发展起来的，因此，本书将时间限定在 2000—2022 年之间。同时通过人工阅读的方式，剔除不相关文献，共计获得英文文献 139篇，中文文献 288 篇。

---

① Web of Science（简称 WOS）是全球最受信赖且独立于出版方的全球引文数据库。

二、被检索文献的基本情况

（1）从发文量来看（如图 2-1 所示），中文文献的发文量明显高于英文文献发文量，且不同年份波动较大，但都在 2007 年以后开始显著上升。这也意味着目前关于对数字能力的研究较为分散。

（2）从期刊分布来看（如表 2-1 所示），发文量较多的英文期刊有 *Information & Management*（《信息与管理》，14 篇）、*Journal of Business Research*（《商业研究》，12 篇）、*European Journal of Information Systems*（《欧洲信息系统》，9 篇）等。中文期刊中发文量较多的有《科技管理研究》（18 篇）、《科学学与科学技术管理》（14 篇）、《科研管理》（14 篇）等。可以看出，无论国内还是国外，主流的期刊对此问题都极为重视。

（3）从高被引的文献来看（如表 2-2 所示），英文期刊中被引次数最高的是 Rai 等在 2006 年发表于 *MIS quarterly*《管理信息系统》（季刊），影响因子为 12.803（一区）上的一篇文章，该文章从以信息技术为依赖的组织能力角度出发，认为企业在供应链管理过程中开发信息技术，整合并利用这些信息技术可以创造高阶供应链整合能力，并对企业产生显著的、可持续的绩效（Rai et al.，2006）。中文文献被引最高的是殷国鹏和陈禹在 2007 年于《南开管理评论》中发表的文章。该文章从资源基础观的视角提出了信息技术能力的构成维度（殷国鹏和陈禹，2007）。

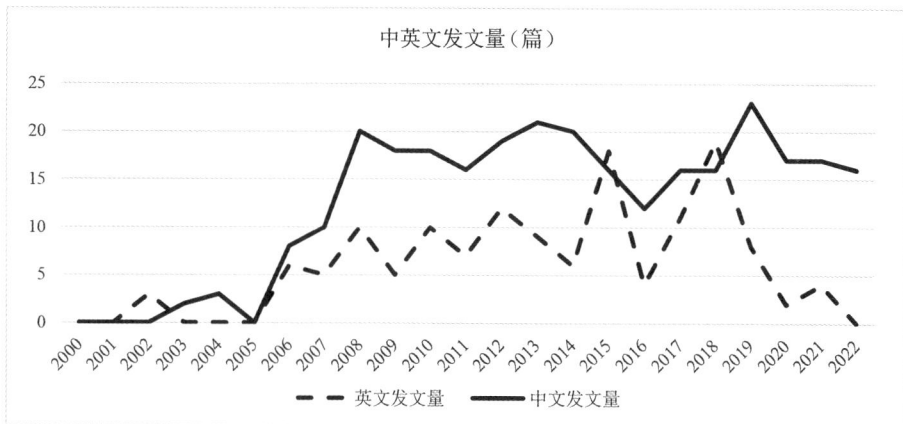

图2-1 中英文发文量

表2-1 文献期刊来源分布

中文期刊	数量	英文期刊	数量
《科技管理研究》	18	*Information & Management*《信息与管理》	14
《科学学与科学技术管理》	14	*Journal of Business Research*《商业研究》	12
《科研管理》	14	*European Journal of Information Systems*《欧洲信息系统》	9
《科技进步与对策》	11	*Journal of Strategic Information Systems*《战略信息系统》	9
《研究与发展管理》	10	*Mis Quarterly Executive*《管理信息系统制定》	9
《管理学报》	9	*Business Process Management Journal*《业务流程管理》	8
《科学学研究》	9	*Mis Quarterly*《管理信息系统季刊》	8
《软科学》	8	*European Journal of Innovation Management*《欧洲创新管理》	7
《中国流通经济》	8	*Technology Analysis & Strategic Management*《技术分析与战略管理》	6
《管理评论》	7	*Journal Of Management Information Systems*《管理信息系统》	5
《情报杂志》	7	*Industrial Marketing Management*《工业营销管理》	4
《情报科学》	5	*Information Systems Research*《信息系统研究》	4
《华东经济管理》	4	*Journal Of Business & Industrial Marketing*《商业与工业营销》	4
《经济管理》	4	*Technological Forecasting and Social Change*《技术预测与社会变革》	4
《中国软科学》	4	*Journal of Enterprise Information Management*《企业信息管理》	3
《管理现代化》	3	*Journal of Information Technology*《信息技术》	3
《统计与决策》	3	*Journal of Small Business Management*《小企业管理》	3
《外国经济与管理》	3	*Journal Of the Knowledge Economy*《知识经济》	3
《系统工程理论与实践》	3	*Knowledge Management Research & Practice*《知识管理研究与实践》	3
《系统管理学报》	3	—	—
《中国工业经济》	3	—	—

表2-2 高被引论文

序号	英文文献		中文文献	
	被引次数	作者，年份	被引次数	作者，年份
1	918	（Rai et al.，2006）	89	（殷国鹏、陈禹，2007）
2	291	（Aral et al.，2007）	80	（郑大庆等，2006）
3	234	（Pavlou et al.，2010）	79	（况志军，2006）
4	222	（Chen et al.，2014）	77	（张骁等，2019）
5	206	（Warner et al.，2019）	70	（周文辉、孙杰，2018）

我们通过人工阅读文献，将这些文献的研究类别分为四大类别。

第一类：有关数字化整体的相关研究。

数字能力是在数字化情境中演化出来的企业能力，因此，中外不同学者都对数字化情境的相关分析作了详细的研究和解释。在关键词聚类图中可以看出学者们普遍关注数字化转型、数字经济等整体的情境化研究（Chaudhuri, Subramanian, and Dora, 2022），其主要关注点在于数字化的相关定义、发展特点、重要性以及影响后效等方面。数字化是一个非常广泛的概念，它包含了商业过程和日常生活中的许多元素（Denicolai, Zucchella, and Magnani, 2021）。数字化最显著的表现是通过使用数字化技术，使公司的核心商业模式发生变化。为了充分利用当前数字化发展带来的好处，许多公司已经将其纳入了数字战略。这也引起了许多学者对企业数字化转型的整体战略思路与过程开始进行详细探索。例如，Singh（2017）认为数字化通常涉及全公司范围的数字化转型战略，他超越了功能性思维，从整体上解决了来自数字化技术的机遇和风险，并指导组织进行数字化转型和能力提升（Singh and Hess, 2017）；数字化战略有一些共同的要素，这些要素可以归结为四个基本方面：技术的使用、价值创造的变化、结构的变化和财务实现方面。数字化中的技术、商业模式变更等能力能够有效促进企业的（国际化）绩效等。

第二类：有关数字能力的相关研究。

企业数字能力是本书关注的核心内容，从关键词聚类分析可以发现，学者们关于数字能力的探索集中在三个方面：首先，最重要的是数字化技术能力，包括大数据、人工智能等技术的获取和使用（Zhang and Gu，2021）。企业数字能力不仅需要对数字化技术进行投资，而且还要将它们嵌入企业的组织结构中，因此，数字技术的引入可能经常涉及实施产品或流程创新，需要重新设计业务流程，采用新的营销方法和重大的组织变化（Denicolai，Zucchella，and Magnani，2021）。这就要求企业对其组织结构进行重新组合、协调和创新（戚聿东、蔡呈伟，2020）。这种转变是确保企业能够"做正确的事"的关键环节。效率低下、结构臃肿的组织团队不仅无法对企业的数字化以及正常的生产经营进行有效的管理，反而会增加管理成本以及部门之间的协调难度。动态能力也指出，成功的动态能力应包括良好的战略制定和高效的执行力。因此，管理方面能力的提升也是数字能力需要重点考虑的问题。最后，在数字环境下，商业模式已经成为一个新的分析单元，它研究了企业如何创造和交付价值给客户，并从管理一个网络活动系统中获取利润。例如，有不少学者发现最具代表性的数字化时代的商业模式——平台模式构建中的数字能力是企业重要的数字能力之一（周文辉、孙杰，2020）。通过对平台模式的积极构建，企业可以形成数字组织、运营以及共创能力。

第三类：数字能力发展的生态和网络环境的相关研究。

微观企业的数字化战略是嵌入整个数字经济发展过程之中的（Chaudhuri，Subramanian，and Dora，2022），其数字能力的提升也需要考虑到焦点企业所处商业环境的影响，尤其是网络效应以及生态圈效应。现有的研究强调了网络外部性（通常简称为网络效应）的作用。当更多的用户加入平台时，网络外部性会增加平台对每个用户的价值（Stallkamp and Schotter，2021）。网络效应提出群体中其他人的行为有可能改变自己的行为。数字化时代，企业如何通过构建生态系统和设计合适的商业模式来创造和捕获价值是企业的重要目标。因此，有关数字化的战略决策需要充分考虑焦点企业所处的商业生态环境。这也要求数字化转型中的企业应构建生态系统协调整合能力以应对整个生态圈的数字化转换。

第四类：研究的理论视角。

从聚类分析图中可以看到，动态能力理论以及资源基础观是学者们普遍使用的理论视角。具体来看有以下几个方面。

　　动态能力理论：数字化具有破坏性的特征，企业需要建立强大的动态能力才可以快速创建、实施和转变商业模式，帮助企业在数字经济中保持动态性和主导地位（Warner and Wäger，2019）。数字化时代，商业环境瞬息万变，动态能力的缺乏可能会阻碍企业挖掘大数据潜力的发挥，失去创新商业模式和加强竞争优势的机会（Bouncken，Kraus，and Roig-Tierno，2021）；由于动态能力理论极其强调对动态环境的感知和分析，这为企业识别与整合内外部资源提供了理论指导。虽然动态能力理论是战略管理领域最重要的话题之一，但在数字环境下，有关企业价值创造能力的构建却仅得到学者们有限的关注。这主要是因为学者们普遍认可企业已经自动识别机会和威胁，因此，他们将主要的研究方向放在了如何抓住机会以及资源和能力的重新配置方面。但是，企业对机会的识别也是一个不断改变的过程，需要企业在管理能力提升和技术改进等方面共同努力。

　　资源基础观：就企业的竞争战略而言，许多学者也将资源基础观作为研究企业数字能力构建的主要分析理论。这是因为许多学者认为能力是在资源被整合后产生的，通常是通过员工的发展、学习和知识交流而获得的（Prieto Sandoval，Jaca，and Santos，2019），知识允许组织在自然环境中进行动态的组织学习，而关系能力可以增加联盟伙伴的资源，帮助其创建、扩展或修改资源库（Teece，2000）。这表明对有形资源和无形资源的利用可以促进企业竞争优势的显现。从这个角度来看，数字化可以使企业利用相关资源，形成一种新的商业模式，增强自身竞争优势。然而，资源基础观中由于企业如何在动荡的环境中将其资源转化为竞争优势方面的模糊性而受到部分学者的批评。考虑到这种模糊性的存在，资源基础观似乎不足以描述企业数字化战略的全貌。另外，从资源基础观的角度来看，资源本身也不能成为竞争优势来源（Barney，Wright，and Ketchen，2001）。随后，有学者试图从资源匹配和资源编排的角度来弥补资源基础观的不足。基于这一观点，数字化从评估资源开始，以产生企业的竞争优势为目标，确定资源协同或匹配的来源。虽然这种做法在一定程度上弥补了资源更新及匹配的问题，然而这种匹配战略仍然停留在对资源支配的层面上。资源编排理论是资源基础观的一个分支。Sirmon 等（2007）整合了资源管理和资产配置的研究成果，从理论上论证了资源协调和组合竞争优势的重要性（Sirmon, Hitt, and Ireland, 2007）。同时，他们在资源编排中确定了三个子过程：资源结构化、捆绑和利用。资源编排可以开发企业中潜在的数字资源，并通过这种方式提供竞争优势和创业机会，从而帮助企业进行数字化转型（Amit and Han, 2017）。但是，众多文献表明企业数字化的驱动因素并非唯一，外部环境的不确定性和内部资源配置的综合效应还需要进一步研究（陈庆江、王彦萌、万茂丰，2021）。因此，基于资源的观点在一定程度上并不适合解释企业的数字能力。

（4）关键词时间脉络分析

为了进一步研究关键词分布，我们对关键词分布的时间脉络进行了分析。从中英文文献的关键词时间脉络中可以看到，企业的数字能力是从信息技术、组织技术、企业决策、结构柔性、创新管理、即兴能力、价值创造等几个方面进行的演变，数字技术是学者们最先关注的数字能力（Aral and Weill, 2007），虽然在最近几年的研究中有所弱化，但是技术数字能力仍然是企业不可或缺的一种企业数字能力（Khin and Ho, 2019）。另外，相应的管理能力也是学者们普遍关注的问题。如果没有有效的管理，企业所获取的能力将无法有效嵌入企业的价值转换过程。最需要重视的是，最近几年来，学者们充分认识到了价值创造过程是企业最重要的数字能力之一，主要表现在学者们逐渐重视与客户相关的能力，包括客户导向及其商业价值（陈菊红等，2020）。在先前的研究文献中，中文文献中数字能力的获取是一个从组织学习、知识共享到组织协同发展的过程（朱秀梅、刘月，2021）。在英文文献中，竞争、整合、可持续创新等方式是学者们认可的主要数字化手段。

关于该主题的理论视角经历了从资源基础观、动态能力理论到实物期权理论的转变。其中，资源基础观关注企业如何通过异质性数字资源获取竞争力（Sinkovics, Sinkovics, and Bryan Jean, 2013）。持有这一观点的学者认为由于对技术的投资很容易被竞争对手复制，投资本身并不能提供任何持续的优势。相反，公司如何利用他们的投资来创造独特技术资源和技能决定了一个公司的整体效率（Bharadwaj, 2000）；实物期权理论重点关注外部环境的不确定性。动态能力理论既关注了企业如何应对外部环境，又解释了企业如何构建数字能力（焦豪、杨季枫、应瑛，2021）。

第二节 动态能力理论

一、动态能力理论简述

动态能力视角扩展了基于资源的观点，解决了企业如何创建有价值的、罕见的、难以模仿的和不可完美替代的资源以及如何在不断变化的环境中挖掘更有价值的资源（Ambrosini and Bowman，2009）。同时，动态能力理论还整合进化经济学、行为学理论和组织理论的相关内容以解释竞争优势来源。动态能力在刚开始提出时指的是企业以新方式组合资源、获得资源和处理多余资源的管理能力。该观点比基于资源的观点更丰富，重要的是它不仅是资源组合，还有企业学习和积累新技能的能力以及限制这一过程的速度和方向的力量。随后，Teece 等人（1997）明确论证了动态能力理论如何克服资源基础观的局限性，并将动态能力定义成企业为应对快速变化的竞争环境，用整合、构建和重新配置企业内外部能力的方式而积累的高阶能力（Teece，Pisano，and Shuen，1997）。

动态能力具有三个重要特征：一是能力具有预期和特定的目的。例如，制造一辆汽车的能力。运气并不构成一种动态能力。他们强调动态功能的使用是有意为之（Zahra，Sapienza，and Davidsson，2006）。二是需要通过相关的活动来执行（Helfat and Winter，2011）。第三，具有重复性和可靠性。由于动态能力不是一个临时的问题解决事件或自发反应，它必须包含一些模式化的元素，也就是说，它必须是可重复的。Zollo 和 Winter（2002）也指出，动态能力是持久的，一个组织如果以创造性的但不连贯的方式来适应连续的危机，就不是在行使动态能力（Zollo and Winter，2002）。

动态能力自从被首次提出以来，在管理研究领域引起了广泛关注。不少学者从不同的研究视角对该理论进行了广泛的应用和拓展，主要研究视角如表 2-3 所示。

表2-3　关于动态能力理论的研究视角

研究视角	动态能力定义	来　源
能力适配	集成、构建和重新配置内部和外部竞争力以应对快速变化的环境的能力	(Teece, 1997)
	企业通过更新能力、组织资源来实现与不断变化的商业环境相一致，从而获得新的竞争优势的能力	(Wheeler, 2002)
	使企业能够创建、部署和保护无形资产，从而支持卓越的、长期的业务性能的功能。动态能力的微观基础——支撑企业感知、把握和重新配置能力的独特技能、过程、程序、组织结构、决策规则和规程——很难开发和部署	(Teece, 2007)
	动态能力可以被认为是组织能力的一个独特子集；具体来说，它们是那些能够影响企业现有资源基础（和相关的支持系统，如企业的组织和治理结构）、生态系统和外部环境以及战略变化的能力	(Schilke, 2018)
	一个公司在整合活动、降低成本和利用商业智能/学习方面比竞争对手更好地改变业务流程（例如，改进、适应、调整、重新配置、更新等）的能力	(Kim et al., 2011)
资源适配	企业将资源基础转变为感知并抓住机会、应对威胁的能力，从而提高竞争力	(Benitez-Amado and Walczuch, 2012)
	一个企业系统地解决问题的潜力，由其感知机会和威胁的倾向、及时地以市场为导向的决策以及改变其资源基础所形成	(Barreto, 2010)
	一个公司专门使用资源的过程，这个过程需要整合、重新配置、获取和释放资源以适应甚至创造市场变化	(Eisenhardt and AMartin, 2000)
	组织能力，包括搜索、探索、获取、吸收和应用关于资源和机会的知识，以及如何配置资源以利用这些机会的能力。这使得企业能够快速应对环境威胁并利用机会	(Bhatt and Grover, 2005)
	组织有意识地创建、扩展或修改其资源库的能力	(Helfat, 2007)
	面向变化的能力，帮助公司重新配置其资源基础，以满足不断变化的客户需求和应对竞争对手的战略	(Zhu and Kraemer, 2002)

研究视角	动态能力定义	来　源
学习能力	一种经过学习的、稳定的集体活动模式，通过它组织系统地产生和修改其运作程序，以追求提高效率	（Zollo and Winter, 2002）
	整合公司活动、促进学习、帮助公司构建、重新配置和转换其资产/资源位置（有形和无形）、流程和结构的公司特定流程或常规，以交付对所有利益相关者（包括内部和外部）都有价值的产品和服务	（Butler and Murphy, 2008）
惯例适配	按照主要决策者的设想和认为适当的方式重新配置公司资源和惯例的能力	（Zahra, 2006）
	通过创新改变现有惯例的组织惯例	（Dong and Wu, 2015）
	一个公司整合、重新配置、获得和释放资源和相关（普通）能力以创造和匹配市场、经济和环境变化的过程或惯例	（Daniel et al., 2014）
高阶能力	用于扩展、修改、改变和/或创建普通能力（即，企业短期内赖以生存的能力）的能力	（Drnevich and Kriauciunas, 2011）
	扩展、修改或创建普通功能的功能	（Winter, 2003）
	动态能力是管理公司的普通能力，更难复制，并支持公司向远离其舒适区的路径演变。在一个不断变化的环境中，这种能力的作用是重新配置普通能力，以适应新的挑战和部署新的能力。包括感知、学习、协调和整合	（Matarazzo, 2021）

第一，能力适配视角。采取能力适配视角的学者认为，动态能力理论的关键在于能力的更新和适配。企业如何通过更新能力、组织资源来实现与不断变化的商业环境相匹配，从而获得新的竞争优势的能力才是企业战略决策的关键。在这种情境下，动态能力被认为是组织能力的一个独特子集。具体来说，它们是那些能够影响企业现有资源基础和相关的支持系统（如企业的组织和治理结构）、生态系统和外部环境以及战略变化的能力（Schilke, Hu, and Helfat, 2018）。

第二，资源适配视角。作为行政组织的企业是确定的各种生产资源的集合。因此，支持资源适配视角的学者认为，动态能力理论的关键在于组织对其资源基础进行改变的能力。企业如何将资源基础转变为可感知并可抓住机会、应对威胁的能力，从而提高竞争力是重中之重（Benitez-Amado and Walczuch，2012）。在这个视角中，动态能力被分为不同类型：有的用于整合资源，有的用于重新配置资源，有些与创造新的资源有关，而另一些是关于资源取舍的（Ambrosini and Bowman，2009）。这种有意地创建、扩展或修改其资源库的能力，能够帮助公司重新配置其资源基础，以满足不断变化的客户需求和用以应对竞争对手（Zhu and Kraemer，2002）。

第三，学习能力视角。由于动态能力主要是为了应对变化的环境的，因此部分学者认为动态能力是一种学习和稳定的集体活动模式，通过这种模式，组织可系统地产生和修改其操作程序，以追求更高效率，而不断地更新和学习可以帮助任务更有效地完成。这种动态的学习能力能够帮助整合企业的各项活动，帮助公司构建、重新配置和转换其资产／资源位置（有形和无形）（Butler and Murphy，2008）。

第四，惯例适配的视角。Eisenhardt 和 Martin（2000）提出规则和惯例的假设（Eisenhardt and Martin，2000）。这一观点表明，可能存在具有更普遍适用性的规则和流程，即使环境发生变化，这些规则和流程对企业仍然有用，即使在高速变化的市场中也能够为企业提供可持续的竞争优势（Peteraf，Di Stefano，and Verona，2013）。因此，动态能力是指企业在市场出现碰撞、分裂、演变和消亡时实施新的资源配置和战略管理的能力。这意味着动态能力是一种非常广泛和复杂的结构，它跨越了战略过程和内容领域，从管理决策过程直接过渡到组织惯例和竞争行动。它们是按照主要决策者的设想和合适的方式重新配置企业资源和常规能力的。

第五，高阶能力视角。采用此观点的学者认为动态能力是那些能够扩展、修改或创建普通能力的能力（Winter，2003）。Winter（2003）对普通（零阶）和动态（一阶）能力进行了区分。普通组织能力代表了一套高度模式化的、重复性的或准重复性的常规，这些常规适用于企业运作。相比之下，动态能力代表了扩展、修改或创造普通能力的常规化过程（李彬、王凤彬、秦宇，2013）。当一阶动态能力不够时，就需要二阶动态能力来帮助组织创造和实施对一阶动态能力的改变以适应新情况。然而，当变化不再出现或不需要再维持二阶动态能力时，企业可能会退回到一阶或零阶动态能力。

可以看出，先前基于传统经济情境下对动态能力理论的研究和应用已经十分丰富和完善。由于数字经济的出现，众多学者开始将动态能力理论用来解释数字化时代的企业战略行为（Sousa-Zomer, Neely, and Martinez, 2020）。学者们更是将企业的内部能力定义为通过数字技术整合的特定的资源和能力，并将其扩展到不同的部门，以相对快速和灵活的方式重新配置为企业核心能力的能力（如表2-3所示）。与此观点一致，在快节奏的数字化环境中，动态能力可以被认为是即使外部环境反复发生变化，这些动态能力对企业仍然有用。这也表明，企业微观层面的努力，包括技术引进、管理改善、员工培训、平台建设等可以为企业提供可持续的竞争力。公司需要强大的动态能力来感知、抓住和转换能力，以使企业能够在数字时代保持其竞争力。

尽管最近的研究认识到动态能力理论对理解数字化战略的重要性（Warner and Wäger, 2019），但是在数字化情境下，这些动态能力的根源还没有被详细探讨。学者们普遍将动态能力理论中提出的感知机会、抓住机会以及资源和能力重新配置简单地嵌入数字化环境之中，认为数字化情境下的动态能力包括数字感知、数字捕获和数字化转换。这意味着目前学者们的研究仅限于对数字情境下的动态能力的简单嵌套，缺乏对如何构建数字能力的深入探索。

二、动态能力理论视角下的企业数字能力与国际化绩效

第一，数字能力与企业国际化之间的直接关系。

动态能力理论是在国际化相关研究中采用最多的理论视角之一（汪涛等，2018）。该理论被用来解释数字化战略和动态能力如何共同决定企业在全球环境中持续竞争优势的建立。动态能力理论指出，国外市场中的动态环境是一个巨大的机会来源，企业加强当前的能力或形成新的能力能够使企业有效地应对外部环境的变化，进而提升企业绩效（Ahammad, Basu, and Munjal, 2021）。由于能力是指不顾环境的反对，利用资源执行任务或活动的能力，从本质上说，能力来自资源的巧妙捆绑或编排。企业的组织、管理技术及其跨

地理距离和边界转移技术（嵌入常规性资源）的能力与企业的全球化能力息息相关。学者们通过动态能力理论将企业国际化有效地分为三组流程：①确定和评估国内外的机会（感知）；②在全球范围内调动资源以抓住机遇，并从中获取价值（抓住）；③持续更新（转化）。这意味着，关于数字能力对国际化绩效的影响可以从以上三个方面展开论述。

另外，动态能力理论也反映了一个组织在路径依赖和市场地位下降时能够重新塑造其竞争优势的能力。在国际情境中，从动态能力的角度看，路径依赖是一个重要的现象。动态能力理论指出，当企业受益于数字化转型带来的收益递增时，企业的路径依赖就会被放大。这意味着随着环境的动态变化，企业能力不能随着变化的环境而有效提升，这会对企业造成难以估计的负面影响。因此，总体上看，我们认为企业数字能力与国际化绩效之间的关系可以通过动态能力理论来解释。

第二，数字能力与国际化绩效之间的调节变量。

动态能力理论也指明了企业数字能力与国际化绩效之间还有一些重要的调节变量，主要是指：①动态能力理论十分重视企业所处的外部环境分析。动态能力理论指出，企业外部市场中的动态环境是一个巨大的机会来源，企业加强当前的能力或形成新的能力，能够使企业有效地应对外部环境变化，进而提升企业绩效（Boateng，Du，and Wang，2017）。行业环境是企业外部环境的重要组成部分，对企业的数字化和国际化都会产生重要影响；②动态能力理论也关注企业特定资产对企业战略和行为的影响，例如，企业的金融杠杆。企业金融化可以为企业带来高回报，缓解融资约束。因此，最终我们认为行业数字能力与企业金融化水平是企业构建数字能力与探讨数字能力的影响效应时需要重点考虑的调节变量。

第三节 企业数字能力研究综述

一、企业数字化的研究现状

1. 企业数字化的相关概念

目前，关于数字化的相关研究是从互联网开始的。学者们早在 20 世纪 90 年代中期，就开始从传播、营销和信息技术的角度关注互联网现象，他们从经济战略视角，重点关注这种新媒介对产业结构、价值链中的利润分配和交易成本的影响，但是，早期的研究大都偏于理论性或概念性解释，缺乏相应的实证检验。为了更加深刻地了解企业数字化，我们对有关企业数字化的研究现状进行了分析，主要内容如下。

在企业数字化研究初期，众多学者主要以技术为核心进行解释。学者们认为数字技术对企业战略、产品创新和商业模式演变具有重要作用，且大多涉及内部管理信息系统，如企业资源规划或客户关系管理。在这种情况下，企业数字化技术仅限于内部管理，目的是改善组织边界内的管理协调能力，以获得效率提升、成本节约和业务流程优化。但是，数字技术加速了企业、行业等的变化速度，导致企业所处的外部环境面临更大的波动性、复杂性和不确定性（Loonam, Eaves, and Kumar, 2018）。因此，企业的数字化战略远远超出了管理的功能性思维，必须进行全方位的整改（Singh and Hess, 2017），甚至有学者认为"数字化从根本上讲与技术无关，而只与战略有关"，这意味着高级领导团队必须找到能够优化企业业务模式创新的方法。因此，众多学者开始关注其他方面的数字化。

目前，大数据、人工智能等新的数字技术正在彻底改变企业的经营方式。这些数字技术通过优化企业的业务流程管理和帮助企业获取更广泛的市场知识，提高企业的运营效率（Cenamor, Sjödin, and Parida, 2019）。因此，有学者认为企业数字化主要是指企业在生产、经营和服务过程中，应用数字技术减少重复劳动，或以先进数字管理技术取代传统管理的变革过程。在一项关于数字化的调查中，高管们表示他们的首席执行官比以往任何时候都更多地参与数字化工作，但同时他们也表示，在数字化能够对他们的业务产生真正的变革性影响之前，他们的公司必须首先解决关键的组织问题（Rachinger, Rauter, and Müller, 2019）。因此，管理方面的数字化会影响企业整体数字化战略。而由于数字化发展迅速，学者们几乎在同一时期发现了数字化不仅仅是技术与管理的组合，更是商业模式的改变。因此，商业模式方面的数字化开始逐渐被学者们所重视。数字化的商业模式改变了企业的整个结构（Saebi, Lien, and Foss, 2017），特别是价值主张和客户关系，因此数字化不仅仅描述了数字技术在数字产品或服务的过程中的使用，还代表着企业的价值创造方式（Proksch, Rosin, and Stubner, 2021）。而且，随着社交媒体和数据分析力量的不断增强，移动革命促进了客户价值创造的新方式的产生。新的应用程序、服务、平台、数据和设备已经成为企业挖掘新机遇的一个游乐场（王强、王超、刘玉奇，2020）。在这个过程中，数字化被认为是一个综合的概念。例如，Banalieva 等（2019）认为数字化是将一个组织的产品、服务和流程的本质转化为与互联网兼容的数据包的过程，这个过程可以创建、存储和传输与之相关的信息，用于销售和服务等（Banalieva and Dhanaraj, 2019）。Warner 和 Wäger（2019）认为数字化是使用新的数字技术，如移动、人工智能、云、区块链和物联网技术，以实现重大业务改进，如实现增强客户体验、简化运营流程或创建新业务模式等目标（Warner and Wäger, 2019）。Gebauer（2020）认为数字化是企业利用数字技术改变商业模式，为自身提供新的收入和价值创造机会的方式，也是企业向数字业务转移的过程（Gebauer et al., 2020）。

通过以上对企业数字化相关实践进行梳理之后我们发现，企业数字化的演变发展始于对技术的追求。随着技术被企业越来越常态化地进行配置，与技术无关紧要的声音开始出现。企业开始寻求新的数字化方向以维持企业持续的竞争优势，在这种情况下，管理方面和商业模式方面的探究开始被学者们所重视。

在本研究中，我们将企业数字化定义为以客户为中心，力图通过相关数字技术（区块链、大数据等），制定有关数字化的战略规划，协调组织内外部资源，对企业生产、营销等价值链条进行重新整合和协调，从而建设新的产品、服务和生态的一系列战略集合。图 2-2 是我们借鉴亿欧智库提出的企业数字化概念的模型图。可以看出，客户是数字化的中心，处于数字化的核心部分；新一代信息技术是数字化首先延伸出来的一部分；各种业务流程，包括生产、服务、生态建设、产品创新等商业模式形成包围圈，与之交互的企业管理方面的内容也共同在数字化过程中发挥着重要作用。

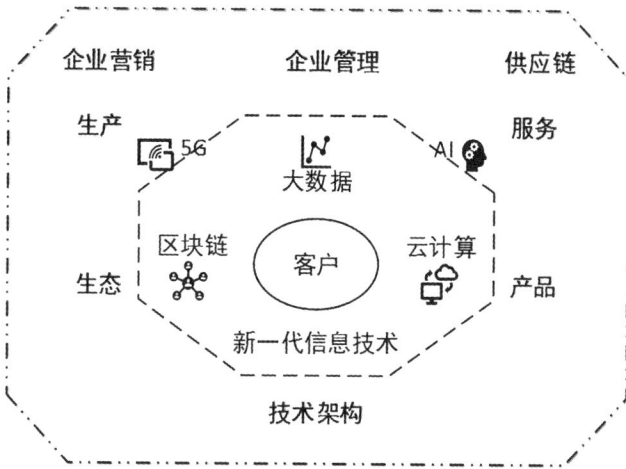

图 2-2 企业数字化的概念分析图

来源：亿欧智库

2. 企业数字化的影响

关于企业数字化所带来的影响，众多学者主要从以下几个方面进行了探讨：数字化对企业创新的影响（杨杰、汪涛、王新，2021）、对供应链构建的影响（Kim and Tamer Cavusgil，2005）、对企业服务化战略的影响（Khanra，Dhir，and Parida，2021），等等。但是，为了解决"数字化悖论"这个问题，我们主要从数字化带来正面和负面影响这两个方面来探讨数字化的影响后效。

（1）企业数字化带来的有益影响

第一，有助于促进企业价值链的构建。具体来说，企业数字化带来的海量数据使管理者能够实时监控企业每个内部流程的状态、业务单元、流程和资产的性能，也能够识别企业外部的供应商、合作伙伴等，有利于帮助企业分析其供应链中的瓶颈。大数据也可以为生产者提供有关其客户的行为模式、请求和投诉等的信息。从这个意义上说，数字化可以通过促进企业与其贸易伙伴及消费者之间的协作来提高供应链管理的有效性。

第二，有助于扩大产品受众的地理范围。数字化技术能够通过改善企业内部以及企业与其利益相关者之间的信息流动来克服时间和地理上的障碍。因此，数字化可以降低企业的营销成本，减少信息浮动时间，增加买家和卖家之间的联系。数字化提供的新传播工具，使企业能够更快地国际化，并在更广泛和更复杂的商业活动中更有效地与客户打交道。因此，数字化也为各行各业提供了更加丰富的创造性解决方案，帮助企业轻松地访问全球虚拟环境。

第三，企业数字化不仅为企业提供了新的商业机会，而且还提高了企业的运转效率。这体现在嵌入式数字技术的使用上，如帮助企业管理者利用人工智能提高决策效率，同时也帮助企业利用机器人等有效提高员工生产效率和工作效率。

第四，企业数字化可以帮助企业降低成本。新的数字技术会影响企业成本结构，这是因为通过机器人或虚拟代理的帮助，可以取代企业在服务交付过程中成本较高的员工，也可以通过使用人工智能和区块链降低供应链成本。Bharadwaj（2000）基于资源基础观，开发了一个研究模型来分析企业特定信息技术资源与财务绩效之间的关系。实证结果表明，具有较强信息技术能力的企业，其利润率显著较高，而成本显著较低（Bharadwaj，2000）。

（2）企业的数字化转型并不总是给企业带来有益的影响，还存在以下几种负面的影响。

第一，企业数字化收益具有较高的不确定性（陈玉娇、宋铁波、黄键斌，2022）。这主要是因为，企业的数字化建设不仅周期长，且难以推广，对于国内的所有企业来讲，数字化标准的建立就比较困难。当企业开始进军全球市场时，由于各个国家的文化和经济差异，数字化标准化的建设更是难于上青天，这有可能使企业在短时期内难以看到数字化效益显现而放弃数字化战略（Junge，2019）。

第二，随着数字化对行业渗透的深入，它对企业竞争力的影响也会变弱。首先，拥有先进数字技术的企业具有一定的先发优势，但是随着数字技术的普及，这种先发优势会被逐步消化掉。未来的数字技术就像现在的电力一样，变成一种人人可用的基础设施，正如没有电力会寸步难行，但使用电力也不会带来更多的竞争优势，未来数字技术也是如此。

第三，尽管数字化技术可以给企业带来成本的降低，然而，管理上的数字化以及商业模式上的数字化转型却会带来极高的成本。这两个方面的数字化建设要求企业铺设大量的基础设施（王开科、吴国兵、章贵军，2020）。例如，中转的物流仓库、管理系统的引进等。这种数字化建设投入即使对大型企业而言也不堪重负，更别说资金本身就困难的中小企业。

二、资源和能力视角下的企业数字化

为了更加准确地分析企业应该构建何种数字能力，我们对企业数字化的相关文献进行了总结分析（如表2-4所示）。通过对文献的分析我们发现，目前有关数字化内容划分的研究主要是基于资源、能力以及联合视角来进行的。

表2-4 先前文献中关于企业数字化内容的元素分析

划分视角	数字化维度	基本内涵	匹配的能力			文献来源
			技术	管理	模式	
资源视角	有形资源	有形的资讯科技基础设施	√			（Bharadwaj，2000）
	人力资源	包括资讯科技的技术和管理技能	√	√		
	无形资源	知识资产、顾客协同能力			√	

划分视角	数字化维度	基本内涵	匹配的能力			文献来源
			技术	管理	模式	
能力视角	技术应用	公司对于采用新技术的态度以及探索新技术的能力	✓			（Matt，2015；刘飞，2020；池仁勇，2021）
	价值创造	新数字活动与传统的核心业务有多大的偏离			✓	
	结构改革	结构改革指的是公司组织结构的变化，特别是公司改革中新数字活动的位置	✓			
	转型准备	在涉及数字平台能力和网络能力的过程中协调和整合组织资源和能力的能力	✓	✓		（赵宸宇，2021；Chen & Tian，2022）
		数字技术的使用和商业模式的有效组合是否为数字运营做好准备	✓		✓	
综合视角	数字资源+能力	数字资产、数字敏捷性、数字网络能力和大数据分析能力	✓			（Verhoef，2021）
	组织结构革新	独立的业务单位、敏捷的组织形式、数字功能区域	✓	✓		
	数字成长战略	市场渗透、产品开发、市场开发和多元化		✓		
	策略和目标	为了实现数字化转型的全部潜力，数字企业需要在关键绩效指标上衡量绩效改进，以促进学习和调整业务模型	✓			

1.资源视角

对数字化进行研究的早期学者从获取相关资源视角对数字化进行了维度划分，他们主要将数字化作为一种战略资源来进行分析（Bharadwaj，2000）。主要包括：①有形资源，例如有形的资讯科技基础设施；②人力资源，包括各类管理技能；③无形的资讯科技资源，例如知识资产。因此总体来看，赞同资源基础观视角的学者们认为除了技术以外，可重复使用的技术基础和业务单元管理之间的协调会影响企业部署数字化战略的能力。需要注意的是，基于资源观点的研究人员认为，由于对数字化的投资很容易被竞争对手复制，因此投资本身并不能提供任何持续的优势。相反，公司如何利用他们的投资来创造独特的数字化资源和技能决定了一个公司的整体效率，换句话说，持资源观点的学者十分注重对数字技术的使用。

2. 能力视角

能力视角认为数字化战略是指为实现企业数字化目标而制定战略的能力以及为追求数字化战略而分配资源的能力（Matt，Hess，and Benlian，2015）。由于需要对数字化战略的制定、实施和评估进行统筹，因此在此视角下，数字化战略应该包括技术使用、价值转化和组织结构改革等。技术使用能力是指企业对于采用新技术的态度以及探索新技术的能力（刘飞，2020）。由于新技术的使用通常意味着价值创造的变化，会产生新的消费模式和消费体验（池仁勇、郑瑞钰、阮鸿鹏，2021）。这些问题涉及数字化战略对企业价值链的影响，即新的数字化活动与传统核心业务偏离的程度。接着，由于使用了不同技术和创造价值的不同形式，企业往往需要进行结构改革，以便为新业务提供充足的基础。结构改革指的是公司组织结构的变化，特别是关于公司改革中数字活动的位置。需要注意的是，在这个视角中强调了企业需要财务方面的支撑。财务能力是指能够为数字化提供充足资金的能力。财务方面的能力既是转换的驱动因素，也是约束力量。数字技术和战略、客户体验和数据驱动的业务模式也被确定为企业数字化实施的组成部分。能力视角还十分强调企业进行数字化改革的准备。数字化准备是指在涉及数字平台能力和网络能力的过程中协调和整合组织资源和能力的能力。Kane等人（2015）认为数字化是由战略而不是由技术驱动的（Kane，Palmer，and Phillips，2015），然而，战略转换必须得到适当技术的支持。因此，该视角强调技术和战略的有效组合以及数字技术使用和商业模式有效组合是否为数字运营做好准备。

3. 资源＋能力联合视角

联合视角是集资源、能力两种视角于一体的一个综合性数字化分析框架。

此视角将数字化分为：数字资源、组织结构革新、数字成长战略、策略和目标四个维度（Verhoef et al.，2021）。数字资源代表企业对资产和能力的所有权和控制权。资产代表企业的物质和知识资产的资源禀赋，而能力通常驻留在企业的人力、信息或组织资本中，并将资产黏合在一起，以使其能够成功部署数字化战略。除了实现数字化所需的数字资源外，企业需要考虑的一个关键问题是适应数字化变革所需的组织变革，而组织结构方面的变革可以让企业灵活应对数字化变革。这种变革包括独立的业务单元、敏捷的组织形式和数字功能区域组成的灵活结构。数字公司有多种数字增长战略，但最突出的增长战略是对数字平台的使用。平台具有较高的可伸缩性和强大的网络效应。平台可以快速增长并处理海量的用户，包括客户、供应商、补充服务提供商等。这是因为平台增加服务用户的成本很低，增加的成本几乎可以忽略不计。对于策略和目标来说，为了实现企业数字化的全部潜力，数字化企业需要在关键绩效指标上衡量绩效改进，以促进学习和调整业务模型。许多企业以客户数量的增加，销售额的增长作为数字化价值的体现。虽然对于数字化企业来说，实现高增长很重要，但不能以牺牲盈利能力为代价。

从以上分析可以看出，关于企业数字化的内容划分，学者们分别从资源视角、能力视角以及综合的视角进行了探索。从这些视角中，我们发现企业的数字化所要匹配的数字能力都离不开三个焦点：管理、技术和商业模式。其中，技术方面主要包含对各种数字技术的接受度、利用度和探索能力；管理方面包含组织结构改革、数字化战略决策和部署、资源协调和整合、员工培养、数字化准备等具体事项；商业模式方面主要是指新的商务模式采用，主要是企业与客户关系之间的关系，改革与价值创造模式的革新。

三、企业数字能力

企业能力被定义为企业为了达到理想的最终目标而配置的相关资源和能力（Elia et al.，2021）。因此，资源和能力是有效竞争的必要条件。在数字经济时代中，战略要求的是速度和适应性。与基于非数字的战略变革相比，新数字技术的普及改变了所需企业能力的性质，例如需要组织扩大或缩小其运营规模，或者需要构建更具创业性的精神。因此，数字化情境下，企业动态能力构建需要我们进行新的探索。整体来讲，关于企业数字能力的研究，学者主要从以下几个方面来进行分析。

1. 从动机视角来研究数字能力构建

由于数字能力首先是从数字技术发展而来的，所以很多学者在一开始就将数字能力限定为对数字技术的使用能力（殷国鹏、陈禹，2007）。企业通过促进数字工具产生的能力，来设计、协调、控制企业的产品以及各项系统（Yoo, Henfridsson, and Lyytinen, 2010）。同时，企业对数字技术的管理能力也是实现数字创新的重要要求，有利于数字产品开发的成功。但是，更多学者将数字能力定义为信息技术能力，他们认为数字能力是通过各种手段集成信息技术资源，实现企业与其他互补资源的结合，进而获取商业价值的一种能力。但是，也有部分学者认为数字能力不同于技术资产，数字能力主要涉及：①数字专业知识的可用性；②创新性；③基于个体数字化转型知识水平的分级与激励体系；④技术创新人才；⑤数字技能提升以及执行数字战略的能力。因此，数字能力是企业层面的能力（Gurbaxani and Dunkle, 2019）。

Li 等（2018）通过对新型的业务模式即平台模式中的企业管理能力构建提出了新的观点（Li, Xia, and Shapiro, 2018）。该观点描述和解释了中小型企业中，企业家如何在数字平台服务提供商的支持下，通过管理认知更新、管理社会资本发展、业务团队建设和组织能力建设来推动企业数字化。Wielgos 等人（2021）认定数字商业能力是一个多维结构，它包含了三个互补的能力：数字策略、数字集成与数字控制，并检验了数字商业能力对企业绩效的重要影响（Wielgos, Homburg, and Kuehnl, 2021）。也有学者对平台模式中需要构建的数字能力进行了研究，他们认为企业的数字能力应该包括：组织层面的数字能力、运营层面的数字能力以及数字化共创能力等（周文辉、孙杰，2020）。

还有针对数字能力的具体使用效用来进行的研究。例如，有学者从知识管理的角度探讨如何构建数据驱动的能力，重点是如何抓好隐藏的知识，并得出了制度环境、组织创新、执行力是构建数字能力的三个维度的结论（Chen and Tian，2022）。也有学者探讨了数字营销能力的作用，他们认为数字营销能力是一套由技术技能和流程支持的特定业务能力，旨在访问和利用在线或者离线的客户数据（包括当前和潜在的客户），从而更有效地识别客户，创造详细的客户档案和营销价值，也就是说，数字营销能力的一个关键是加强与客户、供应商和渠道合作伙伴的联系。数字营销能力应该包括社交媒体营销能力、数字化营销策略、数字化关系和领导能力。还有针对企业国际化方面的数字能力——国际数字能力。国际数字能力主要包括跨文化编程技能、全球虚拟网络、跨境数字货币化的适应性和国际商业模式的重新配置等（Cahen and Borini，2020）。

2. 数字能力在不同产业中的研究

部分学者从不同产业角度来解释企业数字能力。以服务业企业为研究视角的学者普遍认可数字能力是能够让企业深入分析客户信息的多层次能力集合，这是一种能够有效应对服务生态中快速变化的、消费者异质性需求的能力（魏冉、刘春红、张悦，2022）。这种能力还强调动态服务分析能力，包括管理、技术、人才、数据治理、模型开发和服务创新能力（Akter，Motamarri，and Hani，2020）。为了迎合制造企业追求服务化的战略，企业越来越依赖发展数字能力来与客户互动和共同创造价值。因此，Lenka（2017）提出数字能力是通过感知和响应机制实现与客户价值共创的能力（Lenka，Parida，and Wincent，2017），它包括三个基本组成部分，即情报能力、连接能力和分析能力，而针对制造业企业而言，数字能力应该包括数字基础能力、数字分析能力、数字应用能力以及数字发展能力等（吉峰、贾学迪、林婷婷，2021）。

3. 数字能力作为一阶能力，撬动其他能力

也有学者认为数字能力是一种多维一阶动态能力，能够帮助企业撬动其他多重能力。企业数字能力应该是一种动态适应能力，帮助企业根据环境变化有效部署各项资源，并嵌入企业运营和管理环节（吉峰、贾学迪、林婷婷，2021）。因此，许多学者主要从动态能力角度出发，提出了动态数字能力，他

们认为这种能力使企业各个部门能够通过影响一系列与数字相关的普通能力，协助企业从数字资源中获取商业价值，尤其是，他们在动态能力理论的指导下提出数字能力本身就包含动态的特征，可以将其当作高阶的能力来指导企业实践（苏敬勤、孙悦、高昕，2022）。例如，一些学者直接借助动态能力的分类将数字能力分为数字感知、数字捕获和数字转换动态能力，而有学者将这三种能力进行了改造，认为数字能力由微观基础的三个维度组成（Felin et al.，2012），包括：数字理解技能（个体维度）、数字强度（过程维度）以及行动和互动的背景（结构维度）（Sousa-Zomer，Neely，and Martinez，2020）。也有研究强调动态的信息技术能力，主要包含：动态数字平台能力、动态信息技术管理能力和动态信息技术知识管理能力。

4.个人数字能力探索

以上的研究都是从组织层面对企业的数字能力进行的研究。由于企业数字战略的实施最终是要通过领导者来实现的，因此，对领导者数字能力的研究开始出现。他们认为高层领导团队内部是有动力支持企业的商业模式、结构和流程的数字化战略的。目前，个人的数字能力主要被认为是为组织的目的而利用和使用自己的数字技能的能力（Scuotto et al.，2021）。学者们认为至少有三种动态能力对领导者至关重要：创新能力、环境扫描和感知能力以及生态系统协调整合能力。进一步地，也有学者补充说明了整合能力在提高平台领导者获取价值方面发挥着关键作用。

我们通过分析可以发现，企业数字能力应该包括三个方面：技术方面、管理方面以及商业模式方面。其中，数字技术是数字能力的基本元素。而组织能力不能买卖，只能通过一系列努力嵌入组织当中。因此，通过动态能力获得系统的数字能力来促进组织战略变革需要大量的时间和资金支持。这也就意味着企业的管理能力和组织能力是企业数字能力不可或缺的一种能力元素。另外，商业模式迭代能力是实现企业将资源"转化"为能力的重要环节，也是企业价值实现和价值创造的重要手段。因此，商业模式迭代能力也是企业数字能力的组成部分。

四、动态能力视角下的企业数字能力

从动态能力理论的研究视角可以看出，动态能力理论认为企业数字化战略行为应该包括三个方面：技术、管理和价值创造。具体来看包括：①动态能力视角强调了快速技术变革的重要性（Teece，Pisano，and Shuen，1997）。这是因为企业能够通过整合、重新配置相关资源和能力以获取持续的竞争优势，而技术能力是企业获取竞争优势的关键手段之一（况志军，2006）。动态能力理论认为感知机会包括识别、开发和评估与客户需求相关的数字化趋势和技术机会（Matarazzo et al.，2021）。抓住机会实现对现有和新兴能力的评估，这需要通过一系列的数字化技术来实现。②动态能力理论强调了组织管理的重要性。它包括对领导者、组织结构、组织学习、流程和惯例的重视。组织与管理能力主要是指企业的实际执行能力。具体来说，学者们认为动态能力至少部分地存在于公司高层管理人员的管理、创业和领导技能以及管理人员设计、开发、实施和修改这些日常工作的能力中（Teece，2014）。动态能力理论承认，最高管理团队及其关于组织演变的信念可能在发展动态能力中发挥着重要作用。组织结构主要是影响公司对变化环境的反应（Wilden et al.，2013）。数字化时代，企业需要建立更高的灵活性、创造力和响应能力，良好的组织结构是解决企业灵活性、创造力和响应能力的重要环节。在讨论组织学习时，学者们认为规模较大、多部门、多元化的企业更有可能从刻意学习机制中获益。③动态能力理论也十分强调企业价值的获取方式。企业如何变化、维持和发展竞争优势以及获取价值是企业实践者和学者都关注的重点问题，尤其是动态能力理论特别关注企业如何随着时间推移持续地改变他们的价值获取方式（Ambrosini and Bowman，2009）。商业模式代表着企业的价值创造和价值获取方式。因此，动态能力理论十分重视商业模式的能力构建，这也是企业资源和能力转化的重要途径。

最终，基于动态能力理论以及数字化的相关研究，在本书中我们认为，企业的数字能力是企业利用数字化技术，辅以企业管理能力和组织能力，实现商业模式持续更新和转换的一种多维能力集合。它主要包括技术、管理以及商业模式三个方面的基础能力，这三种能力能够帮助企业撬动其他能力，以实现企业长期竞争力和绩效的提升。

第四节　国际化绩效

国际化被定义为将公司的活动扩展到国内市场以外的过程（Abdi and Aulakh，2018）。在本研究中，我们遵循同样的概念，并将国际化定义为企业将其活动扩展到其母国边界之外的程度。国际化的重要性在于企业可以利用国际化来分散其职能，以控制成本和利用企业的外部能力（Mudambi，2008）。由于企业绩效在于企业实现其产品和服务既定目标的市场能力，如总销售额、利润率、市场份额等。因此，我们认为国际化绩效是指企业在国外市场实现其业绩目标的程度。特别是，我们将国际化绩效视为企业在各种职能方面的成功，这些职能包括出口业务、外国合资企业和子公司业务。国际绩效反映了企业海外市场战略制定和部署的有效性，在这种情况下，国际化绩效可视为衡量跨国企业整体成功的一项基本措施。考虑到企业可以通过国际化实现更大的增长，因此，国际化绩效仍然是研究人员和管理者关注的一个重要焦点。

一、与企业国际化相关的经典理论

目前，有关国际化的相关研究学者们主要从经济理论视角与行为理论视角对企业国际化进行了解释。具体如下。

第一，经济理论视角（交易成本理论和折中理论）

交易成本理论是常见的解释企业国际化战略的重要理论之一（Brouthers and Brouthers，2003）。交易成本理论最关注的是企业成本（Lo，2015），其核心思想是管理者为寻求节省交易成本而进行的组织变革（刘汉民、郑丽、康丽群，2014）。根据文献所述，评估进入国外市场交易成本的因素包括资产专用性、互补资产、要素市场无效率和交易的不确定性。然而，企业进行国际化扩张在很多情况下，并非只是单纯的降低交易成本。因此，交易成本理论并不能完全解释企业的国际化战略选择，尤其是数字经济时代下，交易成本产生的"信息不对称机制"逐渐被区块链等信息技术弱化，消除了交易成本存在的可能（陈晓红等，2022）。折衷理论基于交易成本理论分析了企业所有权的转移和回报。经济学家Dunning提出了对外直接投资的三个条件包括所有权优势（O）、区位优势（L）、和内部化优势（I）（Dunning，1988）。折衷理论指出了企业开展海外业务的几个原因：市场需求，提高效率，在国外寻求战略资产和能力。但是该理论缺乏对动态竞争力以及对如何获取竞争优势的分析。为了弥补这些缺陷，有学者基于数字化背景，提出了一个展示跨国公司国际化优势的新视角：新O（开放资源优势）、L（联动优势）和I（整合优势）。虽然这些新的OLI优势是与传统OLI（所有权、位置和内部化）优势互补和耦合的，但数字全球化削弱了传统OLI优势，巩固了新的OLI优势（Luo，2021）。新的OLI优势是通过数字连接管理全球业务，以提高企业间和企业内部活动的速度、灵活性、协调和效率。

第二，行为理论（乌普萨拉模型、资源基础观、制度理论和动态能力理论）。

乌普萨拉模型是解释企业国际活动的主要模型，并已受到广泛的关注。一方面，在这个模型中，企业的国际化进程开始于与自己国家文化接近的国际市场，然后进入文化距离越来越大的新市场。乌普萨拉模型的第二个方面是指企业在选定的外国市场内的运作。企业通过间接的低承诺的模式（如出口）进入新市场，然后慢慢转向高承诺的进入模式（如全资子公司）（Shukla and Dow，2010）。该模型认为，获取市场知识是其国际化道路的驱动力。一些学者批评乌普萨拉模型过分强调获取知识的困难，并且低估了个人和高层管理者的作用（Shukla and Dow，2010）。同时，对于数字化时代来说，诞生了许多天生的全球化的企业，这恰好与乌普萨拉模型所提出的渐进式的国际化过程相反。因此，这个理论也并不适用于指导企业的数字化与企业的国际化。

制度理论的主要观点认为，企业与环境不可分割，并受到制度环境的约束。组织必须采取适当的措施以获得合法性或社会适应性（Mudambi，2008）。

制度力量会导致三种类型的制度同构：强制同构、模仿同构和规范同构。在三种同构约束下，迫使处于同一制度下的企业行为趋于一致。获取合法性是制度理论需要解决的最重要的问题。合法性是指组织的各种战略决策和行动实施与制度要求下的规范和认知达到相一致的程度，以及能够被外部的利益相关者接受以及认可的程度。只有当组织的各种战略行为符合制度规范下的同构约束才能获得合法性（张建君，2013）。制度理论十分关注制度距离给企业国际化绩效带来的影响。然而，数字化时代，商品和服务等的交付在一定程度上可以摆脱距离的限制（叶广宇、赵文丽、黄胜，2019）。因此，制度理论也并不太适合解释数字化时代的国际化行为。

资源基础观认为，企业竞争的基础是独特的企业资源，即有价值的、稀有的、难以模仿的、不可被其他资源替代的企业资源（Bharadwaj，2000）。企业的国际化在很大程度上依赖于其资源配置和转换的能力。当企业从事国际扩张活动时，他们可以在广泛的市场上利用他们的技能和产品，也能从这些不同的市场中获得重要的经济资源（Zahra，Ireland，and Hitt，2000），从而稳定他们在国际市场上的收益。资源基础观认为企业拥有资源的多少是影响企业绩效的关键问题。如何解决资源约束是企业自诞生以来一直需要考虑的问题，而数字化的出现开始打破了物理资源的壁垒，缓解了企业的资源约束问题（Jafari Sadeghi and Biancone，2018）。利用基于资源的观点，许多研究日益强调资源之间的互补性作为持续竞争优势来源的作用，以解释企业绩效的差异。资源的互补性可能有助于克服单一数字化技术的生产率悖论，这是由于技术本身很难成为竞争优势的来源（Jin，Vonderembse，and Ragu-Nathan，2014；Popa，Soto-Acosta，and Perez-Gonzalez，2018）。因此，非数字化技术的资源的投资、现有生产流程的重新配置以及技能的水平和类型才更有可能会影响数字化技术的潜在积极效用（Jones，Simmons，and Packham，2014）。采用基于资源的观点，研究人员认为由于对技术的投资很容易被竞争对手复制，投资本身并不能提供任何持续的优势（Bharadwaj，2000）。相反，公司如何利用他们的投资来创造独特的技术资源和技能决定了一个公司的整体效率。

综上，以上的研究理论在不同的情境下，以不同的视角和方法对企业的国际化战略提供了重要的解释。然而，由于我们期望探讨企业的数字能力能否对企业的国际化绩效产生影响、影响机制是什么，而先前的部分理论可能并不能很好地解释这两者之间的关系，其中，最重要的原因是：①基于经济（折衷理论和交易成本理论）的理论过度强调短期经济利益的得失，忽视长远经济利益的考量；而企业的数字能力对企业国际化绩效的影响并不是一蹴而就的，需要以长远的眼光进行衡量；②行为理论中的乌普萨拉模型和资源基础观虽然解释了企业长期发展的行为，然而，乌普萨拉模型提出的渐进式国际化进程与目前越来越多的"天生全球化"的企业现象相悖。资源基础观虽然强调对资源的持续拥有，却未解释如何获取持续的资源，更不用说目前的数字化时代对资源"使用"的重视已经超过对资源"拥有"的重视。对于制度理论来说，过多地强调制度带来的约束，忽略了其他因素对企业国际化的影响，这与企业数字化所面临的动态环境并不符合，且由于交易方式的改变，制度理论所强调的"距离"因素越来越无关紧要。因此，制度理论也并不符合我们的研究情境。

二、动态能力视角下企业国际化绩效的驱动因素分析

针对国际化绩效的驱动因素分析，学者们已经进行了几十年的探索。但是，最近几年对此问题的关注呈下降趋势。这纵然有新冠疫情和逆全球化造成的企业国际化趋势减弱，也从侧面反映出，有必要对新的关于企业国际化绩效驱动因素进行再次深度挖掘与探讨。为了实现这个目标，我们首先从传统上有关企业国际化绩效的驱动机制进行总结，具体可以分为以下两类。

①从经济理论视角来看，国际化动机和交易成本等是直接影响企业国际化绩效的重要因素。根据这两个理论的解释，企业国际化动机（包括寻求市场扩张，提高生产效率，在国外寻求战略资产和能力）、低成本战略等是影响企业国际化绩效的重要因素（罗婷婷，2012）。

②从行为理论视角来看，制度（文化/地理）距离、资源获取与重新配置、环境动态性、企业相关能力等都是直接影响企业国际化绩效的重要因素（刘晶，2012）。根据这些理论的延伸，我们发现国际化经验、高管行为、组织污名、组

织结构、合作伙伴找寻、企业研发、进入模式、社会责任履行、企业性质等也是影响企业国际化绩效的重要因素（陈立敏、布雪琳，2021；汪涛、陆雨心、金珞欣，2018）。

但是，在当今数字化的时代，数字化技术打破了人、产品和信息的时间和空间约束，使得跨国交易可以摆脱时间、空间等的约束。加之国际化环境的瞬息万变，一些传统的影响企业国际化绩效的因素将变得不再重要（例如，制度距离）。为了更加清晰地了解在动态能力指导下有关对企业国际化绩效产生的驱动因素，我们根据动态能力理论提出的三种能力对其进行再次分类分析。具体如下。

首先，从感知机会和威胁方面来说，影响企业国际化绩效的驱动因素包括：①企业的决策水平。决策水平影响着企业感知机会和威胁的能力。因此，企业的决策水平会显著影响企业的国际化绩效，尤其是决策主体的丰富性、连贯性和灵活性等；②国际化经验。高管团队的国际化经验能够帮助企业识别国际市场中的机会和威胁，也是促进企业国际化绩效提升的重要因素；③内部社会资本。内部社会资本与新事物和机会获取相关，有助于国际化绩效的提升。

其次，从抓住机会和避免威胁方面来说，影响企业国际化绩效的驱动因素包括：①产品性能的好坏。从微观层面而言，抓住市场机会的能力主要体现在产品的生产和创新上。产品包括企业利用其所拥有的能力生产商品和服务。在任何时候，一个企业的产品性能（包括价格和质量）都代表着企业的关键能力。因此，产品生产和创新都是企业国际化绩效提升的关键因素；②技术方面（包括技术创新与技术补贴）。技术水平是企业实力的最好体现，也是企业获取先发优势的基础。学者们普遍认可技术研发和相关补贴可以给企业国际化绩效带来有利影响（何郁冰、张思，2021）。

最后，从资源重配与能力提升方面来说，影响企业国际化绩效的驱动因素包括：①资源拥有的多少，尤其是无形资源对企业的国际化绩效具有重要影响（Radulovich, Javalgi, and Scherer, 2018），在这个方面，学者们尤其注重品牌影响力、企业名声等无形资源。良好的企业名声在一定程度上可以减少企业营销成本，提高产品忠诚度等，进而有利于提升企业的国际化绩效（杜晓君、张宁宁，2019）。②合作伙伴的质量。合作伙伴是企业学习和模仿的主要对象，是企业获取知识、技术等资源的主要来源（赵文丽、叶广宇、闫妍，2023）。同时，与合作伙伴构成的网络关系也有利于企业进行资源共享和联合行动，这有利于企业国际化绩效的提升。③价值链构建。价值链构建不仅是优化资源配置的一种方式，还可以帮助企业获取线上和线下、国际和国内的各项资源（陈启斐等，2021），这也是企业能力的一种体现。因此，对企业价值链的构建也有利于企业资源配置和能力提升，进而促进企业国际化绩效的提升。④组织结构。学者们强调，扁平的、去中心化的灵活的有机式组织结构可以显著提高企业的国际化绩效（汪涛、陆雨心、金珞欣，2018）。⑤国际化动机。国际化动机的不同会影响企业差异化的资源分配，进而影响企业竞争优势的高低。因此，企业的国际化动机也是促进企业国际化绩效提升的一个关键因素。⑥低成本战略。低成本战略可以缓解企业资金压力，使得企业将更多的资金引入提升企业核心竞争力的项目中，例如产品创新。因此，低成本战略可以提高企业的国际化绩效（Etemad-Sajadi，2012）。

三、数字化时代下企业国际化发展的新趋势和新挑战

国际化被定义为企业将活动扩展到国内市场之外的过程，数字化时代的国际化仍然是企业实现更强增长的关键途径。因此，这仍然是研究人员和管理者关注的一个重要焦点（Adomako，Amankwah-Amoah，and Tarba，2021）。通过分析我们发现数字化时代下，企业的国际化呈现出新的发展趋势和新问题。

目前，新的国际化发展趋势主要表现在新的平台和组织形式的出现上，这也是企业新的国际竞争优势所在。这些新的平台或者组织构建了新的商业模式、新的全球价值链条以及新的组织关系。传统上，国外市场进入模式包括对外直接投资、战略联盟、直接出口等模式。数字化时代中出现了一些特定类型的公司，如电子商务和平台型组织。由于电子商务类企业的核心产品是完全数字化的（为用户提供一个链接平台），并且需要通过电子网络传输。因此，它们可以在世界任何地方立即被访问。企业提供的平台允许全球用户彼此互动，并通过用户共同创造内容来产生价值。因此，企业将平台从一个国家转移到另一个国家的费用相对较少。从本质上来说，这些跨国公司也是

数字化的，通常情况下也是初创公司。这些全球性的数字化初创公司在开发新的海外市场时要求的速度更快、效率更高（Neubert，2018）。

正因为如此，新的数字化公司在国际化过程中面临着与传统公司不同的挑战。一是企业国际化对企业能力建设提出了新要求。总的来看，大量的文献十分强调数字化技术在影响公司出口决策和国际市场增长方面的作用。企业可以利用分布式传输技术的进步，更好地连接业务伙伴、供应商、分销网络和客户，也支持企业融入新兴的全球价值链（Cassetta，Monarca，and Dileo，2020）。数字化技术还可以为商业关系、营销和销售提供额外的渠道，并增加对外国市场和潜在竞争对手的了解，从而有助于减少地理距离和进入成本，克服与参与国际市场相关的商业壁垒（潘宏亮，2021）。但是，只有当数字技术嵌入到流程和组织创新中，企业在数字技能和意识方面进行了投资时，数字技术对国际化的积极影响才会发生。另外，现存的文献大多强调企业如何发挥互联网作为沟通和销售渠道的作用，这可以帮助企业获取快速的全球增长和竞争优势（Denicolai，Zucchella and Magnani，2021）。因此，当企业注意到全球和区域价值链的网络化生产崛起时，创业和商业管理方法的改变可能更加重要。从这个方面来说，这要求企业具备良好的动态组织管理能力。然而，除了技术和管理方面的能力要求以外，商业模式更迭能力也是企业迅速占领国外市场的关键。Kim（2019）的研究发现平台能力和网络能力与出口营销能力和出口绩效呈正相关（Kim，Lee，and Eum，2019）。商业模式被划分为用户细分、渠道通路、客户关系、价值主张、关键活动、核心资源、重要伙伴、收入模式、成本结构等9个要素（江积海、唐倩、王烽权，2022）。其中，价值创造是商业模式的核心，用户细分、价值主张、关键资源是围绕价值创造主客体以及价值创造方式的重要构成要素。在国际市场中，价值创造的新方式是企业获取新的竞争优势的新方向。综上，在数字化时代中，企业国际化战略的实施需要企业多方面的能力积蓄。

二是数字化情境下的跨国企业面临着更加严重的外来者劣势。这是因为企业主要关心的是创造一个足够大的用户网络，以在其平台上创造价值。由于缺乏在国外市场用户社区的嵌入性，电子商务等跨国公司遭受了重大的外来者劣势的影响。对于电子商务等数字化跨国企业来说，外来者劣势可以被定义为与目标国外市场的潜在平台用户缺乏直接联系。为解决这一问题，企业需要采取行动将投资风险降至最低，并融入新的外国市场。因此，针对为了降低投资风险，企业需要首先适应本国的行业环境（陈玉娇、黄键斌、宋铁波，2022），帮助企业将成功的经验转移到国外市场。因此，行业的数字能力研究十分重要。

三是数字化情境下的跨国公司通常面临资金短缺的威胁。这是因为与传统跨国企业相比，数字化中的跨国企业除了需要增加对跨国市场中的各项投入，还会加大对企业数字化建设的相关投入。企业数字化建设的引入通常包括实施产品或流程创新、业务流程再造、采用新的营销方法以及公司内部和公司之间的重大组织变革。目前，企业十分注重用于增强内部生产流程和与客户和供应商打交道的数字化技术，如云计算、移动服务、供应链管理和企业资源规划等应用。然而，这些越来越被视为有待开发的流程，而不是需要实现的工具。因此，企业需要同时实施数字化和国际化战略，这就给企业的资金充裕度提出了新的要求。

第五节　企业数字能力与国际化之间的关系研究

目前，关于企业数字能力与国际化绩效之间的关系大都从理论上进行探索，实证研究方面较为匮乏。为了正确探究二者之间的关系，我们将从企业数字能力对国际化绩效的整体影响方面进行梳理分析。

一、数字能力对企业国际化相关的直接影响

第一，从能力维度方面来看，学者们主要重点关注数字技术嵌入能力对企业国际化方面的影响。Cassetta 等人（2020）的经验证据表明，只有在过程和组织创新中嵌入数字技术，并在数字技能和意识方面进行投资时，数字技术才会对国际化产生积极影响（Cassetta, Monarca, and Dileo, 2020）。同时，他们认为数字技术可以成为企业国际扩张的驱动力，这是因为数字技术的使用改善了服务提供，提高了效率和效果，促进了互动，可以为企业提

供新的工具和方法，帮助企业接触和服务全球客户，为企业提供经济活动和商业运营的新方式（Falahat，Lee，and Ramayah，2020）。

第二，从影响机制来看，数字能力对企业国际化绩效的影响主要体现在，数字能力能够增强企业的数据资本、降低交易成本（鞠雪楠、赵宣凯、孙宝文，2020）；同时也有助于帮助企业突破地理和空间限制，易于实现跨区域、跨国界的商业贸易往来。另外，数字能力能够为企业赋能，实现与合作伙伴的良好合作，并推动企业与客户的近距离接触（张宇、蒋殿春，2021）。更重要的是，数字能力能够实现资源的重新配置，促进企业进行实质性的创新，进而促进企业国际贸易的提升（戴美虹，2019）。

第三，从对国际化影响的结果来看，数字能力能够促进整体国际贸易的提升已经成为众多学者之间的共识（Clarke and Wallsten，2006）。这主要体现在数字能力有利于企业出口数量、出口创新、出口持续时间、出口技术复杂度、出口产品质量以及对外直接投资上。虽然已有少量学者开始关注企业数字能力对企业国际化绩效的影响，但是他们仅从中小企业的视角进行了探究（Adomako，Amankwah-Amoah，and Tarba，2021）。

第四，从使用的理论视角来看，目前主要采用资源基础观进行解释。也有少量学者从制度理论以及交易成本理论进行解释。遵循资源基础观的学者认为，使用数字技术可以使中小企业更有效地获取、调动和部署国际扩张所需的资源（Pergelova，Manolova，and Simeonova-Ganeva，2019）。基于交易成本理论的学者认为，企业使用互联网技术作为物理存在的替代品，可以减少交易风险（Sinkovics，Sinkovics，and Bryan Jean，2013）。基于制度的观点认为数字技术扩散到企业的业务流程之中有利于企业储存、分析、传递重要信息给企业的其他利益相关者，帮助企业嵌入给定的制度环境，这反过来会影响中小企业的国际化程度。

可以看出，先前学者关于二者之间关系的研究还有部分研究缺陷：第一，仅从数字技术维度和商业模式维度探讨数字能力对国际化的影响；第二，从影响机制方面来看，学者们普遍认可数字能力的积极影响，忽视了数字能力的负面影响；第三，从影响的结果来看，学者们大都关注的是企业数字能力对出口、全球价值链等方面的影响，缺乏对企业国际化绩效方面的影响探究；

第四，从理论视角来看，缺乏对环境动荡性以及企业"路径依赖"的考量，而动态能力理论能够很好地解释这两个问题。

二、数字能力与国际化之间的调节效应研究

企业数字能力与国际化之间的关系还受到其他调节变量的影响，主要包括以下几点。

第一，国家经济发展水平。有研究表明，使用互联网确实改善了发展中国家的出口业绩，但在发达国家却没有。换句话说，改善发展中国家的互联网接入将刺激该国家向富裕国家的出口。

第二，国家的信息和通信技术使用率。对信息和通信技术使用率高的国家中的企业而言，其信息技术能力更能促进企业的出口。这似乎与上一条结论相反，因为，信息和通信技术使用率高的国家通常为发达国家；该学者继续对此问题进行探索，他发现企业规模或者资金短缺也是造成企业出口绩效下滑的因素之一。

第三，输出信息可用性的能力。有研究发现，通过网络进行营销的能力本身并不能导致出口业务关系能力的发展。这些是由输出信息的可用性来调节的。也就是说，网络营销能力增加了与出口市场有关的可用信息，这反过来又导致更大的获取、发展、加强和维护商业网络关系。这些能力被出口商用作社会资本，以实现出口市场增长。这也就意味着数字化中的能力建设是影响数字化带来积极影响的重要因素。

第六节　行业数字能力

行业数字能力是指焦点企业所处的整个行业内所有企业整体数字能力的平均水平。企业的决策和行为在很大程度上是由企业的经济利益和社会关系共同决定的，尤其是处于相似的环境或者地位相近的群体之中时，群体中的个体会存在主动的竞争、模仿和学习以及被动规范压力下的同构行为，这也就意味着处于同一个群体内的组织或者个人会产生趋同行为（Winston and

Zimmerman，2003）。羊群行为与社会传染理论（social contagion）也证明了每个人都倾向于做其他人正在做的事情，即使这与他们自己所获取的信息相悖（李雯晶、蒋青云、刘婷，2020）。目前，这种"传染"问题已经成为学者们普遍关注的研究问题，并且已经开始在社会学、经济学和管理学等领域发挥效用。然而，目前我国对此方面的研究仍处于初始阶段，仅在部分领域进行了探讨，例如，证券投资、金融风险等。

近几年，我们开始将这种传染效应扩展到其他领域，主要是企业社会责任和数字化战略的产业效应。例如，卢家锐等（2018）从社会责任的传染机制中探讨了行业社会责任水平会显著影响焦点企业的社会责任（卢家锐、刘柏，2018）。陈仕华等（2011）结合慈善捐款事件探讨了企业高管联结行为对捐款一致性行为的影响（陈仕华、马超，2011）。陈玉娇等（2022）也从制度压力的视角探讨了产业数字化对企业数字化转型的影响主要应该包括两种形式：基于合法性驱动下的规范性同构和竞争性驱动下的模仿性同构（陈玉娇、黄键斌、宋铁波，2022）。两种方式代表了企业两种心态下的企业同构行为：一种是被动适应行业规范下的战略变革；一种是主动适应行业趋势下的战略匹配。两种情形下都强调了整个产业的发展对单个企业不可忽视的影响。

综上所述，企业所联接的社会关系与行业结构在一定程度上会影响企业在数字化方面的行动与计划。由于数字化越来越靠近一个生态圈的建立，企业领导者在对企业有关数字化战略进行制定和实施时也会对行业内的其他企业进行评估，以便能够更好地整合各方资源，扩大焦点企业的影响力。最终，我们认为行业的数字能力会影响企业数字能力构建及其所带来的影响机制。

第七节　企业金融化水平

我们从微观视角来探讨企业金融化的概念和影响，并从数字金融特性与传统金融特性相结合的方式来探讨企业金融化所起的作用。企业金融化是指实体企业逐渐加大对金融投资的一种行为（戴赜、彭俞超、马思超，2018）。

投资金融资产带来的超额收益使得企业更愿意将资金投入金融市场。总体来看，我国上市公司所持有的金融资产的规模和比例在逐年上升。整体上来讲，学术界认为企业金融化主要带来两种截然相反的影响：蓄水池效应和挤出效应。蓄水池效应认为，企业拥有金融资产可以作为企业的金融储蓄，为企业带来高回报，以防止资金短缺时造成经营压力；"挤占效应"是指，在资源有限的情况下，金融资产配置可能会挤出其他类型的投资，导致企业偏离最优资本结构，增加股价崩溃的风险。这将抑制企业主营业务的未来发展，加速企业的衰落，不利于企业核心竞争力的提升（王红建等，2017）。

目前的研究表明，企业配置金融资产主要是出于资本节约或投机性逐利动机（胡金焱、韩坤，2020）。投机逐利动机是指企业投资金融资产主要是为了获得高收益。金融资产具有高流动性和高收益性，可以有效降低企业的财务成本，放大资本回报率。资本节约动机是指非金融企业希望通过金融化来弥补对主营业务投资的不足，并将金融资产作为一种流动性管理工具来加速资本结构的调整和资本结构的偏离程度，主要用于预防性储备。

我们通过对文献进行分析发现，传统上，学者们大都认为企业金融化行为的挤占效应大于储蓄效应（彭俞超、韩珣、李建军，2018）。其中，对于创新绩效来讲，企业金融化会"挤出"企业的创新绩效（韩岚岚和李百兴，2021）；对财务绩效来讲，企业金融化带来的有益影响是先增后减的，因此企业金融化与财务绩效的关系呈现倒"U"型关系（李佳霖、张倩肖、董嘉昌，2021）。为了更加清晰地分析企业金融化带来的"双面效应"，有学者开始尝试将金融化进行分类，包括短期金融化与长期金融化。结果发现，短期金融化能够发挥促进作用，而长期金融化则相反。也有学者通过增加约束条件的方式来确定企业金融化的影响。他们指出当企业所处的金融生态环境较为良好时，企业金融化能够带来正面影响（杜勇、张欢、陈建英，2017）。这也就意味着在特定情境下，企业的金融化能够带来显著的正面影响。在本书中，我们认为在"数字化"与"国际化"双重战略的叠加下，企业金融化受制于目的性更强的约束，其"蓄水池效应"将更加明显。

事实上，目前的企业金融化还带有明显的数字服务的特征。首先，在金融市场中，以银行为主体的金融机构，可以利用大数据技术对企业进行画像，多方面地了解企业的全貌，更快速地确定是否为企业提供贷款。因此，金融化降低了信息不对称程度，重置了不同组织与群体之间的交流与沟通方式，提高了沟通效率（陈小辉、张红伟，2021）。其次，身处数字经济时代的企业也能够通过数字技术，快速了解各个金融机构的要求和条件，选择更加合适的融资方式。最后，数字化时代的金融化打破了空间限制，使企业面临大型城市"虹吸效应"时可利用数字技术映射各个空间点，打破空间限制，极大降低要素流动成本和非系统性风险，显著提高企业抗风险水平（余鑫鑫等，2022）。这也可以说明，目前对企业金融化的探索可以从数字金融特性与传统金融特性两方面来共同探讨。

第八节　本章小结

本章节主要通过文献计量分析法，利用 Citespace 软件首先对有关数字能力研究的发展脉络进行了梳理，总结出目前有关企业数字能力研究的发文情况、研究情境、理论视角以及研究主题等。接着对有关动态能力理论、数字能力、国际化绩效、行业数字能力以及企业金融化的相关文献进行更加详细的分析总结，识别出各个变量的研究缺口以及各个变量之间的逻辑关系，为后文研究模型的提出奠定基础。

第三章　数字能力的维度划分

数字能力应该是一种多维能力的组合。这是因为数字化对企业来说是一个战略问题，其数字化改造是一个复杂的系统工程。任何部分的缺失都会造成数字化效益低下。为了更好地理解企业数字化的现象，并明确这一情境中数字能力的维度划分，本章节通过案例研究法来进一步解释数字能力包含的维度。最终结果显示数字能力分为三个维度：数字技术嵌入能力、动态组织管理能力和商业模式迭代能力。

第一节　数字能力维度划分相关问题的提出

在当今动态的和不可预测的数字化市场竞争中，企业必须具备相关的数字能力以提高其灵活性和充分响应不断变化的客户需求。动态能力理论指出，不同时期的企业需要掌握不同动态能力，而且，企业的动态能力不仅仅指的是企业的单个能力，而是多重能力的集合。因此，有必要将传统的企业动态能力概念扩展到企业数字能力（Bharadwaj，2000）。

从数字化方面来说，通过对相关文献进行分析可以发现，目前的企业数字化转型通常涉及全公司范围的数字化，它超越了功能性思维，能够从整体上解决来自数字化情境下的机遇和风险。而且，数字化战略常常伴随着企业相关技能集的变化，这些变化不仅对企业数字化战略本身是必要的，而且对企业之后的常规操作也是必要的。这意味着企业的数字化战略不仅在多个层面之中的参与者之间创造了复杂的联系，还需要与各种技术、组织和制度因素进行互动。为了应对这些挑战，我们需要对企业的数字技术、数字化过程以及相关参与者和相关环境提炼出一个更加完整的概念。

从动态能力理论方面来说，通过对相关文献进行分析可以发现，尽管最近的实证研究已经根据动态能力理论提出了哪些动态能力是在数字经济中竞争所必需的（Sousa-ZomerNeely and Martinez, 2020）。但是，我们发现这些研究仍然具有以下缺点：一方面，大多数的研究是仅从单一的能力视角进行的探索，例如数字营销能力、大数据管理能力等（Rialti, Zollo, and Ferraris, 2019）。然而，这违背了动态能力所认为的组织能力是一个能力合集的观念；另一方面，目前现有对于数字能力的研究大多是从数字能力的技术和商业模式中的平台能力方面进行的探索。然而，动态能力理论指出，企业的各项活动都是需要通过相关的企业管理活动来执行的（Helfat and Winter, 2011）。这意味着企业的动态组织和管理能力也相当重要，因此，需要纳入研究框架之中。同时，企业目前的商业模式并不仅仅包括平台化模式，还包括服务化模式（吴晓波等，2021），对这一内容的研究缺失将不足以全面分析企业数字能力内涵。据此，在数字化情境下，企业数字能力作为企业动态能力的数字表现，探讨数字能力的内涵是什么、究竟包含几个细分维度以及不同维度的特征是什么这几个问题都显得非常重要。

综上，本章节的研究思路如下：基于动态能力理论这一理论视角，通过案例研究方法，分析企业的数字能力的概念内涵、维度划分、各个维度的特征以及不同维度之间的相互关系。

第二节 数字能力维度的相关文献综述

在第二章节，我们分别从数字化的资源视角、能力视角以及综合视角进行分析后发现，企业数字化过程中所要匹配的数字能力都离不开三个焦点：技术、管理和商业模式。其中，技术方面主要包含对各种数字技术的接受度、利用度和探索能力；管理方面包含组织结构改革、数字化战略决策和部署、资源协调和整合、员工培养、数字化准备等具体事项；商业模式方面主要是指新的商务模式的采用，包括企业与客户之间的关系改革与价值创造模式的革新。这三种能力能够帮助企业撬动其他能力实现企业长期竞争力和绩效的提升。我们将这三方面的能力分别称为：数字技术嵌入能力、动态组织管理能力以及商业模式更迭能力。不同的维度代表着企业不同方面的能力，具体来看如下。

一、数字技术嵌入能力

数字技术嵌入能力指的是企业能够有效识别例如云计算、区块链或其他数字化的技术或者软件，并将数字技术嵌入企业生产、销售、管理等一系列商业活动之中。例如，AR可以让消费者在购买前多次测试产品，并与品牌商和其他用户进行互动。大数据技术可以改变企业的价值创造过程，例如企业的营销流程。从产品方面来说，企业可以利用大数据进行产品和服务创新，无需等待传统营销滞后的产品评价和反馈流程；从价格制定方面来说，企业可以基于不断变化的消费者需求进行动态定价；从销售空间来说，企业可以实现预期装运；从推广方面来说，企业可使用地理空间数据发送特定的广告信息（Matarazzo et al.，2021）。

作为整个行业根本性变革的源泉，数字技术嵌入能力可以促进数字能力、机会、资源和其他因素的形成，从而促进企业数字化转型。一个组织可以通过技术杠杆最大化其能力，使其运营有别于竞争对手。在这方面移动设备、大数据分析、云计算、社交媒体、3D打印、人工智能和机器学习都是推动数字化的技术（Banalieva and Dhanaraj，2019）。数字技术嵌入能力作为企业数字化的核心能力之一，不断地影响着企业战略的制定与执行以及如何改善企业价值获取方式。数字化变革能够对企业及其客户产生深远影响，这是因为数字技术嵌入能力作为企业数字化的主要驱动力和推动手段能够引起企业价值创造的变化，帮助企业调整他们的战略，探索新的商业模式（Junge，2019）。数字技术的出现和数据的广泛可用性，导致了颠覆性商业模式的引入，从根本上改变了企业之间的竞争。

从国际化方面来说，新的数字技术嵌入使跨国公司能够通过数字网络交换信息并进入国外市场。因此，在数字时代，跨国公司可以通过在线应用程序向全球消费者提供其产品和服务，并通过数字网络生态系统进入东道国进行数字化扩张，这也就意味着空间地理的概念开始从物理的、地域的属性转变为数字化的和信息流的属性。

1. 数字技术的分类

近年来，几乎所有行业的企业都采取了一系列举措来探索新的数字技术，并尝试利用这些技术。这些技术通常涉及关键业务操作的转换，影响产品的产出和流程构造，同时也对组织结构和管理概念产生影响。信息技术是企业数字化转型的重要技术工具，其中人工智能、物联网、RPA 是企业数字化应用渗透率最高的三大技术。

目前，数字化技术大致可以分为三类：一是与数据采集相关的技术，如物联网（IoT）、MEMS 传感器和大数据技术等。数据采集又叫数据获取，是数据分析的第一步，数据量越多所计算的结果将越准确。二是与计算能力相关的技术，主要包括云计算、边缘计算等；在大数据时代下，数据量呈现井喷式的增长，没有与海量数据相匹配的计算能力将无法发挥出数据的巨大价值。因此，计算能力是数据计算的基础。三是与算法相关的技术，如人工智能、数字孪生等。算法可以大大提高产品性能、利用率和正常运行时间，帮助企业产品在更广泛的系统（如智能建筑和智能农场）中与相关产品协同工作。

2. 数字化中的技术特征

Yoo 等人（2010）认为数字化中的技术具有三个重要特征：可重编程性、数据的同质化和数字技术的自我参照（Yoo, Henfridsson, and Lyytinen, 2010）。可编程性是指允许数字设备执行各种各样的功能（如计算距离、文字处理和视频编辑等）。可重编程性意味着数字化的技术具有无限延展性，表现为数字技术可以对组织形式以及相应的功能进行延迟绑定和更新，换句话说，就是可以在产品或者工具设计之后再加入新的功能。例如，一部智能手机可以在其系统承载范围之内，下载各种应用程序，甚至可以不断更新系统，添加新的功能（柳卸林、董彩婷、丁雪辰，2020）。

数据的同质化是指数字化的设备可访问所有数据的同质化程度。任何数字内容（音频、视频、文本和图像）都可以使用相同的数字设备和网络进行存储、传输、处理和显示。虽然数字化中的数据来源不同，但是可以很容易地与其他数字数据相结合，帮助企业提供不同的服务，这消除了产品和行业的边界。数据的同质化意味着数字技术可以将数据进行收敛，也就是说，企业可以通过平台将有关用户的数据进行汇聚，将那些分散化的需求体验、反馈信息等"收敛"到各自的终端数据库（陈冬梅、王俐珍、陈安霓，2020）。这能够有效地降低企业对信息集散的成本，并打通新的信息集散渠道。

自我参照意味着企业的数字创新需要使用数字技术（如计算机）。因此，数字创新的扩散创造了积极的网络外部性，进一步加速了数字设备、网络、服务和内容的创造性和可用性。这反过来又通过降低进入门槛、降低学习成本和加速传播速度，促进了进一步的数字创新。同时，计算机的价格和性能的急剧改善，使得以前被排除在外的经济和创新活动更容易负担得起创新所需的数字工具。因此，数字技术使创新民主化，几乎任何人都可以参与其中。

然而最近的研究表明，与企业数字化相关的技术超出了 Yoo 等人（2010）所描述的特性。数字技术几乎可以囊括企业的大部分活动（陈庆江、王彦萌、万茂丰，2021），这是因为数字技术嵌入能力可以推动企业全方位的升级转型，包括企业经营理念的全局化、组织决策的统一化、方法流程的规范化和资源与能力的更新化。另外，数字技术嵌入能力具有不确定性的特点，这体现在：①技术变革的不可预测性，表现为技术的复杂性和新颖性（Chen and Tian，2022）。因此，较高的技术不确定性意味着企业必须及时调整其业务活动，以应对更复杂和更新的技术。②技术变得更容易被模仿。随着数字化时代的加速发展，空间和时间连接更加紧密，技术更容易转移和更容易被复制（Banalieva and Dhanaraj，2019）。这对企业的技术保护提出了更高的要求，企业需要通过投资多层技术保护来提高模仿壁垒，以保持其竞争优势。③技术更新迭代间隔大大缩短。数字技术的快速发展代表了数字经济在技术和产业变化方面的不确定性。这些变化带来了不确定性，但也带来了新的机遇。因此，构建技术壁垒不再是技术保护的重点，加快技术更新才是企业保持持续竞争力的根本保障。

二、动态组织管理能力

企业的动态组织管理能力是通过把有关数字化的技术注入组织管理过程

中，以优化信息搜集方式、管理机制运行以及生产过程等。数字化不仅仅是技术的变革，更是在管理方式、企业环境、产品创造过程等方面的变革。企业管理也需要由赋能转向使能，这要求企业对数据进行全过程的处理，包括数据搜集、分享、分析和使用。同时，在数字化大背景下，决策情境、决策主体、决策流程等发生了显著的变化，这为新型的大数据管理决策方式提供了诞生的基础。因此，在大数据决策范式下，激发了企业行为洞察、风险预见和业务模式等方面的创新能力（陈国青等，2020）。越来越多的理论分析表明，随着大数据技术与实体经济日益广泛融合，企业如何使用日趋庞大而多元的数据信息资源已不再只是一个技术进步问题，而是一种管理问题。动态能力理论也指出，企业能力不需要从资产负债表项目来理解，而是需要从支持生产活动的组织结构和管理过程来理解。Adner（2003）更是进一步提出了动态组织管理能力来指导企业数字化，他提出动态组织管理能力是指管理者构建、整合和重新配置组织资源的能力，能够为我们理解企业数字化提供了一个有用的理论视角（Adner and Helfat，2003）。越来越多的实践证明，由于企业管理能力跟不上数字技术的快速发展，企业自有资源无法支撑新的业务模式，成为企业数字化难以转化为企业绩效的原因之一。例如，诺基亚为了更好地维持其开发的塞班系统，不断构建运营团队，但是由于缺乏管理，诺基亚内部的各个部门沟通困难，技术协调难度不断影响系统的正常运转，这给安卓系统和苹果系统以可乘之机，使得诺基亚跌落神坛。因此，企业数字化管理能力成为当下学术研究的一个重要内容。

数字化管理并不是总给企业带来正面的影响。这是因为虽然人工智能带来的智能算法使得企业可以实现纯粹理性，越来越多的企业也开始利用人工智能进行企业决策。但是，这种情境下，企业决策权与管理权受到了严重的挑战。同时，由于存在算法偏见（Algorithmic Bias），人工智能决策虽然理性但是容易出现伦理问题，例如性别歧视（Lambrecht and Tucker，2019）。

数字化转型成功的关键在于统一的企业数字化战略制定以及高层管理者支持（张新、徐瑶玉、马良，2022）。传统的多层管理和强有力的自上而下的管理方法在快速变化的数字环境中可能不再有效，这是因为传统的管理方法容易出现官僚主义，容易降低企业的响应速度和创新积极性。为了刺激企业的数字敏捷性，企业需要灵活的组织形式和绝对力量的领导支持者，帮助企业快速响应持续的数字变化要求以及统一的战略目标实现（Verhoef，Broekhuizen，and Bart，2021）。从这个方面看，数字化领导人在动态组织管理能力方面发挥着重要作用。

1. 数字化领导人

一个领导者的能力是指领导者表达和实施其较为远见数字价值主张的能力，同时领导者也需要拥有正确评估数字化技术、信息和营销实践及其如何增强企业现有的资产、网络、资源等的能力（Apasrawirote，Yawised，and Muneesawang，2022）。领导者需要进行高效的领导，快速分配每个部门和个人的职责和程序，并支持他们的团队应对数字化带来的管理变革。数字化领导人能力的提升是企业保持可持续竞争优势的关键（Sousa-Zomer，Neely，and Martinez，2020）。

作为数字化情境下的企业管理者，其主要的职能有：跨职能协作、跨层级调动整个企业、激励企业行动以实现整个企业的数字化转型（Singh and Hess，2017）。管理者需要创造一个促进创新的环境，并提供有效的组织结构以支持新产品和服务开发。他们的角色包括从内部和外部资源中挖掘创意，例如是否需要采用外包的形式或者与跨公司进行合作。学者们已经发现个人知识和经验很重要，之前的研究已经提出个人技能是理解组织层面结果的核心。Teece（2012）指出，动态能力是建立在高管的技能和知识基础上的，发展和维持动态能力需要高管的创业和领导能力。其他研究也发现，高层领导对企业动态能力的发展具有特殊的影响（Bendig，Strese，and Flatten，2018）。数字化转型的实证研究也承认了高管及其经验和技能在推动和执行数字化转型方面的作用。数字化领导者需要拥有数字能力、变革管理和鼓舞人心的技能。我们通过文献分析发现，在数字化战略过程中，数字化领导者应该扮演三种角色：企业家、数字"传教士"和跨职能协调员。

企业家角色的主要作用是建立数字转型战略，并通过使用新的数字技术帮助他们的公司创新。这些负责人为公司在快节奏的技术环境中指明方向，有时甚至需要改变整个商业模式。为了成功地激励员工，领导者通常需要对企业文化进行重新规划，因为传统的经营方式在管理者和员工中根深蒂固。他们工作的一个关键部分是说服所有部门和层级的员工齐心协力。负责人会在公司和部门之间传播数字战略以确保整个公司都向着数字化前进。员工培训是数字"传教"角色的重要组成部分，因为在数字化的过程中，员工需要应对许多挑战和企业变革（Scuotto et al., 2021）。数字化不是一个孤立的过程，而是会影响公司的许多部门和利益相关者，包括产品开发、人力资源、营销等。显然，数字化领导者需要在不同领域中进行强有力的协调，不给以往僵化的方法和思维留下任何空间。然而，企业职能部门的经理，太注重自己的部门，往往不愿意齐心协力。数字化负责人需要进行跨组织协调以维持数字化过程中的统一行动。因此，数字化负责人需要将整个公司互联起来，担当数字化转型中协调人的角色。

2. 动态数字管理能力的特点

（1）管理方式突破传统的就事论事制度，呈现全景式特点

人工智能正在重塑企业创新的方式，并要求管理层重新思考整个创新过程以及人与技术的关系（Liu, Chang, and J.Y.L, 2020）。公司需要建立管理实践来管理这些复杂的转变。一个重要的方法是制定一个数字化战略，以这个战略为中心来整合公司内的数字化战略的实施程序。Hess 等人（2017）称，数字化管理者面临的一个主要挑战是需要平衡和利用现有的能力，将各个部门、各个业务和各个流程进行统一协调，同时，也需要建立与之兼容的新数字能力以摆脱对过去能力的路径依赖。因此，管理的数字化不是企业的单个事件，而是牵一发动全身的整个系统的协调。

（2）非线性模式决策

企业的决策模式由线性模式、分段模式向非线性模式转变，这有利于决策者从长远的、整体的角度进行战略决策（陈国青，曾大军，卫强，张明月，郭迅华，2020）。同时，企业管理者的决策不再仅依靠内部信息进行决策，外部环境、同行、公众等的信息也逐渐被管理者所重视。通过采用跨领域的信息，管理者的决策将变得更加完善和可靠。

（3）数据分析为主

企业决策关注的点由传统的流程改为以数据为主，其决策主体和决策信息变得更加多元化以及交互化（陈国青，曾大军，卫强，张明月，郭迅华，2020）。在数字化的情境下，数据显然是每个管理过程的关键来源，收集数据变得越来越容易。在许多情况下，数据甚至几乎是免费的，因为它们是消费现有产品和服务的附属品。这种由数据驱动的价值创造通常被称为大数据（Erevelles et al.，2016）。大数据的特点不仅仅是数据量大，还呈现出 5V 的特点（volume 容量、velocity 速率、variety 多样、value 价值和veracity 真实）。这也就意味着数据处理具有困难和容易双面特性。困难的是从海量的数据池中挑选有价值的数据较为困难，容易的是利用各种数字化的技术可以得到更加理性的数据处理结果。

三、商业模式迭代能力

商业模式迭代能力就是企业利用数字技术不断开发新的数字商业模式，帮助企业创造和利用更多新的价值获取方式的能力（Vial，2019）。商业模式应该被理解为一个企业采用价值创造、交付和捕获机制的架构（Teece，2018）。简单来讲，商业模式就是公司能够描述自己的业务：做什么、提供什么以及如何提供（Ritter and Lettl，2018）。因此，商业模式具有三个基本维度：价值创造、价值主张和价值捕获。第一个维度是为客户创造价值的基础设施和组织过程中使用的资源和能力；价值主张维度定义了所提供的产品和服务的范围、性质和特征以及提供这些产品和服务的条件；价值获取维度解释了业务价值主张如何以可持续的方式转化为利润。

数字化正在改变企业的价值产生方式和创新内容（Kiel，Arnold，and Voigt，2017）。例如，大数据创造了新的数据来源，自动化可以改变机器的功能，价值链上的互联互通打破了商业交易之间的不透明，数字客户界面创造了新的资产转移管理的基础。与工业化时代相比，数字化时代的商业逻辑出现了巨大改变，由以产品为中心向以客户为中心转变。其核心准则是以核心技术为手段，不断满足异质性消费者多样化的需求。数字化时代的企业逻辑并不能简单地理解为信息化和自动化，也不是简单的线上与线下模式的互相转变，而是涉及整个价值创造逻辑的转变。

近年来，商业模式本身越来越成为创新和竞争优势的来源（Langley，Doorn，and Ng，2021）。这是因为，数字化时代下的商业模式是一种根本性的变革，特别是价值主张和客户关系。作为一种新的价值创造方式，企业可以利用数字技术提供战略选择以及进行价值创造。这表明将数字技术融入企业的商业模式，组织将能够更好地提高利润率，并建立竞争优势。同时，商业模式是一个不断发展的活动过程，有一套复杂的相互依赖的办事流程，这些流程能够通过实践发现问题并进行调整（Ciampi，Demi，and Magrini，2021）。按照这种观点，商业模式的构建允许企业不断感知并抓住新机会，帮助公司在长期内保持盈利。成功的商业模式会产生自我强化的良性循环，这样商业模式的构建模块（核心战略、战略资源、客户界面和价值网络）会相互适应并相互促进。新的数字商业模式的实施涉及一系列相互关联的战略决策，例如，新技术的使用、数字渠道以及与新合作伙伴的合作。为了这个模式的顺利运转，企业需要依靠来自多个职能领域的支持，如营销、物流、研发和战略等。我们认为，企业需要利用全局观，整体地做出商业模式建立和完善的相关决策，而不是为单个构建模块或在功能领域做出孤立的优化决策（Broekhuizen，Broekhuis，and Gijsenberg，2021）。

数字化时代最重要的商业模式是数字化平台和服务化模式（Sousa-Zomer，Neely，and Martinez，2020）。数字化平台是"由某一技术架构和治理机制构成的组织形式，用来管理双边或者多边的互补者"。具体来说，平台是指连接两个或者两个以上的特定群体，并提供交流、沟通与往来的互动机制，在满足所有群体的需求时，获得相应的利润的一种商业模式（陈威如、余卓轩，2013）。平台的主要功能包括，产品展示、聚合、匹配、传播服务或消费趋势分析等。聚合功能有助于聚集大量的买家和卖家，使企业更清楚地了解竞争对手以及客户的需求和偏好；匹配功能有助于企业了解客户的报价要求，并改进定价策略，以响应客户偏好。此外，沟通和展示服务有助于企业更有效地向市场中的客户推广和传达其价值主张。消费趋势分析功能能提供当前的市场和行业趋势以及信息，帮助企业有效地开发新产品，制定卓越的定价策略，并有效地管理营销方案。组织的设计必须能够在平台的生成和控制之间保持微妙的平衡。当一个组织对平台进行过多的控制时，它就有可能驱逐第三方开发人员，而扼杀平台的生成能力。另一方面，当组织不进行任何控制时，平台就会变得过于多样化和分散，从而对开发者和客户都没有多大用处，这使得公司很难从自己的创新中获取价值。

除了平台以外，服务化模式也是企业数字化的重要手段（Baines，Ziaee Bigdeli，and Bustinza，2017）。服务化主要是针对制造业而言的，指的是企业主要由产品制造转向服务提供的角色转型（陈菊红、张睿君、张雅琪，2020）。在一个超链接的世界中，理解商业模式的一种潜在的信息方式是采用服务生态系统的思维模式。这种生态系统的观点，从服务主导逻辑发展而来，可以为研究更广泛的系统或多个服务系统之间的交互和价值共同创造提供一个框架（Vargo and Lusch，2017）。服务主导逻辑的基本原则是，服务是所有交换的基础，这意味着所有经济体都可以被理解为服务经济体。服务生态系统的一个重要方面是协调机制，通过该机制，参与者能够共同创造价值并制定资源整合实践战略。

第三节 案例分析方法介绍

一、案例选取

案例研究方法可以处理那些不能量化的现实问题，有助于找出行动背后的意义、方法以及结构。近些年来，案例研究越来越被广大学者认可和广泛采用。由于案例研究的目的是要从典型的案例事件中探讨其理论基础，因此，案例选择整体的标准应该是依靠理论抽样，这就要求案例具有典型性和代表性（Eisenhardt，1989）。具体的标准如下。

①本书所选择的两个案例企业均是目前正在有计划地、渐进式地进行企业数字化转型与企业数字能力构建的企业。例如，企业领导人制定有关数字化的目标和计划、设定口号以及进行员工的数字化培训、获取相关数字化技

术并试图与其他数字化企业看齐等。

②两个案例之间应该有明显的差别。我们分别在典型的制造业企业（PJ煤电集团）与典型的服务业企业（TX互联网科技公司）中进行选择，这样的选择既可以提高研究的普适性，又可以提炼出更加严谨的理论观点。

③案例资料的易得性与多样性。选取的两个案例企业均能够通过对企业相关的领导人进行访谈以及实地观察获取一手资料。同时也能够通过企业年报、报刊以及相关书籍等获取关于企业的二手资料。多渠道获取数据的方式能够帮助我们获取更加完善的相关数据并进行理论分析。案例企业的具体情况如下。

1.PJ 煤电集团

PJ煤电集团有限责任公司是建于1966年的贵州省的国有独资企业，现有职工5万多人，总资产近800亿元，营业收入超过400亿元。近年来，PJ煤电聚焦主责主业，着力打造煤炭和电力两大核心板块。2020年，集团生产原煤2121万吨，焦炭753万吨，供应电煤1379万吨，发电72亿千瓦时。在2020年中国煤炭企业世界50强中排名靠前，其原煤产量排名比2016年提升了14位，荣登"2020年中国企业500强"榜单，是我国长江以南最大的煤炭企业。PJ煤电目前把握数字化发展新机遇，以建设全国一流能源企业为愿景目标，以对标世界一流管理提升行动为契机，立志以建立智慧矿山、智慧电厂、实施智能采掘技术为基础，以建设信息化管控平台为手段，强化集成管控，构建"一云、一网、一平台"信息化管控模式，全面提升集团数字化引领创新能力。

2.TX 科技

TX科技是创办于1998年的民营企业，现有职工10万多人，主要业务包括社交和即时通信服务、网络游戏、门户网站、网络视频服务等。TX科技作为我国互联网领域发展的佼佼者，他的发展成了中国互联网企业成长的一个缩影。TX科技的企业愿景是成为"中国最受尊敬的互联网公司"，是世界品牌500强、中国民营企业500强上的常驻企业之一。TX科技还在2019福布斯全球数字经济100强榜中排名十分靠前，是企业数字化实践最为成功的企业之一。TX科技从建立之初便是一家基于互联网的科技服务企业。经过二十多年的发展，TX 科技不断布局其数字化的服务、引领数字化技术，并摸索出独特的经营管理方式。

对两家企业进行调查之后，我们发现目前两家企业数字化存在众多问题。其共性问题是：①由于业务横向打通，各个部门之间的协同整合困难，很难建造分布式协同平台，其管理效率低下；②其决策过程很大程度上依赖个人片面性决策，无法对整体数字化转型战略进行有效统筹；③最为严重的一个普遍缺陷是各个硬件设备和各个模块获取和转换的海量数据并没有有效整合而是简单粗暴的数据堆砌，这给企业带来数据资源丰富的假象，却难以促使企业进行更进一步的数字化转型；④数据安全是互联网行业数字化转型的重要环节，无论是工业数据还是消费者数据的泄露或者篡改都会给企业带来难以估量的损失，而这个问题无法通过单独的技术来保证，又处于法律的灰色地带；⑤关键的核心技术，包括操作软件、控制系统、数据库建设、芯片研发等仍然是制约企业发展的瓶颈。

异质性问题：①由于互联网行业大都直面海量的消费者，异质性较高，造成数字化战略标准难以制定和数字化成效难以评估，这进而给企业整体的数字化战略实施带来巨大的压力；②目前的采掘业大都存在专业壁垒，其技术研究、软件开发和硬件配置等都是单独的模块，其信息在内部系统都无法有效沟通，信息孤岛问题严重；③数据获取难度大。难以获取基础设施信息数据也是电力系统数字化的重大障碍。单一发电厂和电网基础设施的信息数据获取至关重要，但出于商业机密的原因，电力资产业主和运营商不愿意共享数据。

二、数据资料搜集

本研究的主要目的是搜集企业在数字化过程中数字能力构建的相关内容。为了提高案例研究数据获取的精度与丰富程度，本研究主要采用深度访谈、直接观察等方式获取一手数据（如表 3-1 所示），也通过相关文献资料，如书籍、报刊等二手资料进行辅助分析。在访谈之前我们制作了每个企业的访谈提纲，具体访谈提纲见表 3-2。

表3-1 一手访谈信息统计表

企业名称	访谈时长	被访谈人数	探访对象	转录字数	二手资料字数
PJ煤电	约5小时	6人	新能源处、电力处、煤炭处、科技处等相关负责人	47 523	约5万字
TX科技	约6小时	3人	高级客户经理、国际业务中心架构师	42 046	约52万字
政府部门访谈	约8小时	9人	大数据处处长、科技处处长、煤炭处等相关人员	89 563	—

表3-2 企业访谈提纲

整体概况	1.贵公司在数字化实践上主要在哪些方面做出了努力？ 2.贵公司数字化转型的动因和路径是什么？ 3.贵公司在数字化实践中最成功的案例是什么？ 4.贵公司在数字化实践中的主要障碍都包括什么？例如资金压力，如何破解？ 5.贵公司会因为竞争对手的转型而积极转型，还是本身就是转型的领头人？ 6.贵公司的数字化实践是否会与其他企业合作？以国内合作为主，还是以国际合作为主？
数字能力	1.贵公司在管理方面的数字化转型中做出过哪些努力？最大的困难是什么？ 2.企业在员工培训、知识共享等方面，是如何运用数字技术的？ 3.您认为数字化转型需要哪些技术支撑？ 4.贵公司目前在数字化技术方面最成熟的技术是什么？ 5.贵公司的数字化技术研发是否与其他公司合作？是国内企业合作得多还是国外企业合作得多？ 6.数字经济赋能实体经济过程中，企业与高校科研机构的合作体现在哪些方面？合作现状如何？（合作的深度、广度和不足等） 7.贵公司的数字化转型对商业模式的改变体现在哪些方面？最大的障碍是什么？ 8.大数据、云计算等数字经济模式的融合，是否使得企业参与到产业经济生态圈中，企业与企业、企业与消费者之间的利益关系、权力关系是否发生了变化？数字经济模式在传统产业的基础上产生了怎样的效应，例如知识互通、共享经济模式等？ 9.数字化对企业多元化目标与战略、竞争关注点和生产链特征等方面有什么影响？

数字化与国际化	1.数字化水平的提高会促使贵公司倾向于进行国际化吗？ 2.数字化水平的提升对于企业国际化战略实施最大的助益在哪些方面？

表3-3 贵州省相关政府机关单位的访谈提纲

贵州工业和 信息化厅访谈	1.请您介绍一下贵州省新一代信息技术与制造业融合的现状。（就不同行业，如大数据电子信息、基础能源、优质烟酒等十大工业产业） 2.工业互联网平台建设的现状和发展规划？ 3.数字经济赋能实体经济过程中，政府与高校科研机构的合作体现在哪些方面？合作现状如何？（合作的深度、广度和不足等） 4.贵州省数字化人才培养现状如何？（包括人才的数量和质量等） 5.关于企业数字化转型生态的建设上，贵部门有何设想和举措？ 6.工业品电商发展现状如何？ 7.您认为数字经济与实体经济深度融合的重点和难点是什么？
贵州省能源局 访谈	1.请您详细介绍一下贵州省能源行业的数字化应用现状？（就不同细分行业，如煤炭、天然气和新能源等，包括生产和管理等方面的智能化程度、数字化技术应用效率等） 2.您觉得贵州省能源行业的数字化转型升级存在的困难有哪些？目前有哪些举措来克服这些困难？ 3.您认为贵州能源数字化发展的方向是什么？

数据搜集的具体方式如下。

①深度访谈。对典型的制造业企业PJ煤电以及典型的互联网服务企业TX科技有限公司（以下简称TX科技）进行了实地访谈；研究团队对两家企业的相关负责人进行了深度访谈。其中，PJ煤电的受访人主要是新能源处、电力处、煤炭处、科技处等相关负责人，共计6人，访谈时长约5小时，转录字数47 523字。同时，该公司作为典型的制造业企业，相关的二手数据资料较少，为了弥补这个缺陷，我们又对贵州省的贵州工业和信息化厅、贵州省能源局进行访谈以丰富企业的相关数据；TX科技的受访人主要是其高级客户经理、国际业务中心架构师，共2人，访谈时长约6小时，转录字数

42 046字，主要是让受访者讲解企业在实施数字化过程中的一些做法、经验、教训以及取得的成就等。

②参观企业。为了对企业有更深的了解，我们对企业进行了参观，以获取直观的第一手企业内部资料；我们对企业的厂房、办公区、指挥中心等进行了实地参观，获得直接的感受，并记录了相关的访谈感受。

③二手资料。二手资料的获取主要是通过两种方式。第一种是通过对案例企业的书籍、企业创始人自传、报刊、新闻、省大数据管理中心等获取案例企业的二手资料；第二种是通过分析相关文献，如学术研究报告、书籍报刊等资料进行的补充验证。

三、信度和效度

本书主要通过以下六种方法确保研究的信度和效度。

第一，在研究开始之前，作者与团队成员共同讨论研究主题并设计相关的研究方案。包括访谈主题、访谈提纲制定、访谈企业选取、企业初步资料搜集、访谈时间限定以及主要访谈人任务分配等。

第二，在进行案例访谈之后及时进行转录工作，确保一手访谈资料的准确性和有效性。该过程包括三个部分：第一是在团队成员之间及时地对访谈数据进行整理与总结；第二是就访谈资料编码过程及时与团队成员进行沟通、反复核对，并反馈给被访谈人进行二次确认，确保编码的可信度；第三是对访谈之后的感受进行记录。

第三，采用多重资料搜集方法，确保证据链的多元性和丰富性。除了一手案例访谈资料以外，我们对企业进行了参观走访。同时与访谈人互加微信以便及时沟通和更新相关资料；除此之外，还搜集各类报刊、年报、新闻资料、其他文献、书籍等对案例资料进行补充，确保案例研究资料的充分。

第四，针对研究设计、研究主题、数据分析方式等不断与其他同行专家进行沟通交流，听取其他专家教授的指导意见。

第五，在数据分析过程中，不断与相关文献和理论对话，逐渐实现案例资料与理论的适配。

第六，本书的所有研究过程都具有足够的细节描述，并充分展示部分的一手访谈时的原始资料数据，能够使读者对本书的信度和效度有一个准确的判断。

四、 数据分析方法

我们采用Gioia（2013）的方法进行访谈数据的整理和分析。这种方法从本质上来说是归纳法，它允许研究人员在数据和理论之间迭代。主要包含以下三个步骤（如图3-1所示）。

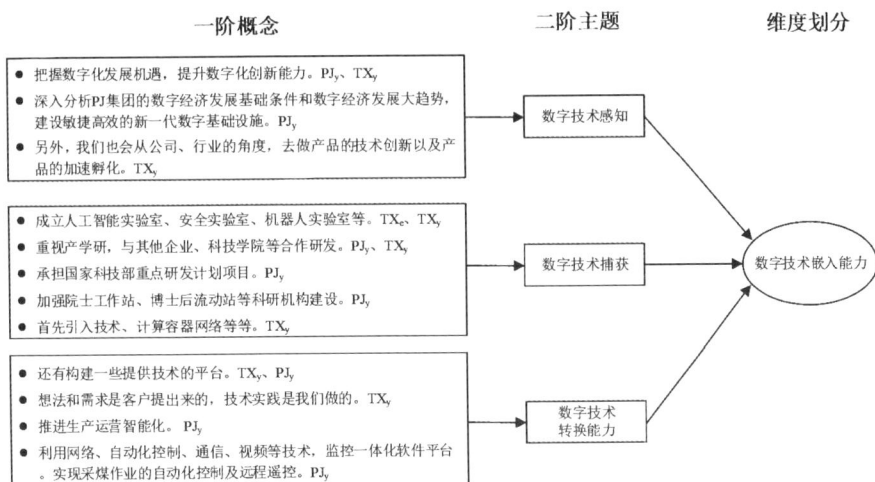

图3-1 数据分析的编码过程

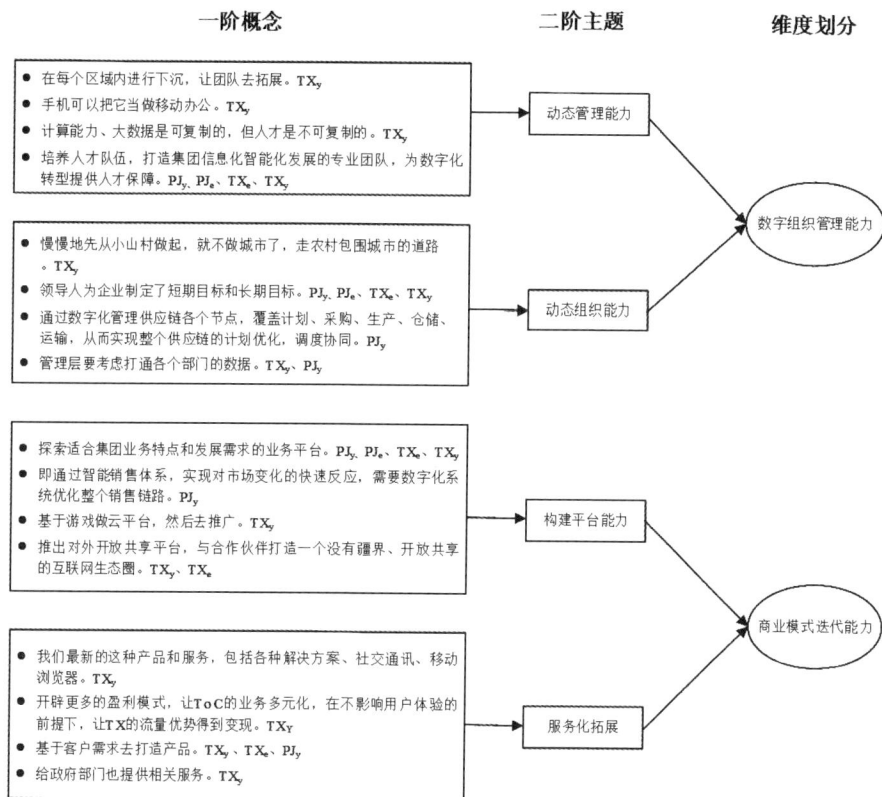

图 3-1 数据分析的编码过程

步骤1：对数据资料进行首次分析，分析每个焦点企业关于数字化的具体过程和事件，并初步理解焦点企业中数字化过程所涉及的能力。这种分析类似于案例研究中的开放编码。我们通过反复研读访谈记录，以捕捉被访谈人的意思。在此过程中，我们编制了初始编码表，而团队的其他成员对编码进行了双重检查。当编码过程出现分歧时，我们将通过讨论解决分歧，直至达成共识。因此，我们得出了一组一阶概念，这些概念代表了团队成员对每个案例背景下发生的事情的看法。

步骤2：接着，我们进行进一步的二阶主题分析，我们试图为步骤1中所出现的一阶概念找到理论解释。我们将在概念中产生的主题和现有的数字化理论文献之间来回转换，以帮助我们更好地理解概念和主题。步骤2本质上是迭代的。我们对一阶概念进行了反复比较，寻找一阶概念之间的异同点及其概念之间的理论差异，以便我们能够将类似的一级概念分组和聚集，从而演绎出二级主题。因此，这些二级主题成为我们用来解释一级数据模式的概念。

步骤3：随着二级主题的出现，我们对所研究的企业数字化中的动态能力的相关文献有了更好的理解，我们开始考虑是否可以将二级主题提炼为总体维度。这是我们的研究从归纳到推理的转变。在我们的研究中，我们对使用以往研究中确定的概念来总结二阶主题和聚合维度持开放态度。因此，在第三步中，我们在二级主题和聚合维度之间的动态相互关系上构建了一个流程模型。通过过程模型，我们希望创建一个全面的故事情节，帮助我们理解观察到的数字化过程中的数字能力。

编码规则是依据相关的理论维度进行多级编码，以 y 代表一手访谈资料（即第一、二种数据获取方式），以 e 代表二手资料（即第三、四种数据获取方式）。例如，PJy 代表 PJ 煤电的第一手访谈资料，PJe 代表 PJ 煤电的二手资料，TXy 代表 TX 科技的第一手访谈资料，TXe 代表 TX 科技的二手资料。为了更加清晰地呈现出研究的过程和结果，本书正文部分只显示部分关键的编码数据。其他编码数据见本书附表2。

第四节 案例结果分析

一、数字技术嵌入能力

1. 数字技术嵌入能力的组成部分

访谈资料显示，我们发现目前企业的数字技术嵌入能力主要包含三个部分：数字技术感知、数字技术捕获和数字技术转换能力。数字技术感知是组织感知新技术发展的知识和理解新技术发展的能力，以及组织在其环境中感受到的可能影响组织新技术的反应意愿；数字技术捕获是对感知到的数字技术进行及时的获取；数字技术转换能力是对所捕获知识的有效应用。

数字技术感知。企业访谈资料显示，企业数字技术感知主要有以下两种方式：第一，以企业 CEO 为代表的企业家们的个人主动感知。他们通过个人"嗅觉"对国家政策、行业动态等发展趋势进行及时预测。感知和预判哪些技术将会给企业带来进一步的发展。第二，行业或者产业推动下的被动感知。当行业内普遍对某种技术进行部署时，企业需要及时跟进，防止"逆水行舟，不进则退"的情况出现。

（部分访谈资料呈现）

把握数字化发展机遇，提升数字化创新能力。PJy、TXy

深入分析 PJ 集团的数字经济发展基础条件和数字经济发展大趋势，建设敏捷高效的新一代数字基础设施。PJy

另外，我们也会从公司和行业的角度，去做产品的技术创新，加速孵化。TXy

无线网络寻呼系统，这看上去是一个非常糟糕的项目。TXe

数字技术捕获。在数字化时代，数字技术的获取方式呈现出以自主研发为主、引进为辅的势头。这与以往我国的"拿来主义"不同，自主研发虽然会耗费巨大的人力、物力和财力，但是却可以避免"卡脖子"的窘境。在技术研发方面，企业采取的主要方式是成立各种实验室、产学研合作、企业联合攻关等。数字化技术在数字化过程中的各种应用已被识别，如自动识别技术、增材制造技术、云技术等。这些应用提高了企业管理中的信息透明度和管理效率，并涉及优化网络中的配送距离和物流资源（Junge，2019）。

加大科研投入，目前已经成立人工智能实验室、量子实验室、机器人实验室等多个团队进行的前沿领域的探索。TXy

PJ 集团与中国矿业大学、安徽理工大学、应急管理部信息研究院、贵州省的大专院校、上海申传电器股份有限公司、金蝶等企业或者高校进行合作，联合攻关，取得了较好的效果。PJy

数字技术转换能力。目前的证据表明，虽然企业可以通过数字化技术来收集大量的市场数据，但往往缺乏必要的能力来利用这些数据（Hasselblatt，Huikkola，and Kohtamäki，2018）。因此，数字技术嵌入能力最大的问题不是技术获取，而是数字技术的动态转换。技术的数字化转换是指在组织日常生活中使用新数字技术的一个持续过程，有效的数字技术转换能力决定了公司对新技术的态度以及利用这些技术的能力。因此，它包含了公司的战略定位及其未来的技术雄心。一个公司需要决定它是想成为技术使用方面的市场领导者，有能力创建自己的技术标准，还是更喜欢诉诸已经建立的标准，将技术视为实现业务操作的手段。虽然成为技术市场的领导者可以带来竞争优势，并可以创造机会，使其他企业依赖于自己的技术标准，但这可能更有风险，因为这需要一定的技术融合和转换能力。在对数字技术进行动态转换方面，企业主要将技术运用到市场预测、产品打造、平台建设和安全保障四个方面，具体如下。

数字技术可以实现对市场的预测。利用数字化技术对市场机会与动态环境变化进行甄别，帮助企业获取先发优势（李琦、刘力钢、邵剑兵，2021），通过对大数据技术的专业应用，企业可以准确地预测市场需求，从而改善其结构和战略，满足新兴市场需求以及披露对未来的市场走势的看法。

数字技术有利于企业对产品的打造。数字技术有利于产品的研发、传递以及使用。此外，数字技术的应用改善了服务供给效率，促进了买方与卖方、买方与买方、卖方与卖方之间的互动。另外，数字技术可以实现不断扩大数据收集的机会范围，收集大量各种各样的终端用户数据，而终端用户也不断享受受自己需求影响之下的数字产品，这些海量用户所生产的数据被称为大数据（Trabucchi，Buganza，and Dell'Era，2018）。最终，这些数据成为企业产品创新和产品升级的重要依据。

数字技术也帮助企业打造数字化平台。数字技术天生就适合跨部门的创新，可以挑战以前互不关联的行业之间的企业合作。它消除了现有市场的传统进入壁垒，并加剧了竞争。然而，这些挑战迫使公司重新设计他们的价值主张、股东价值和企业利润增长的长期商业战略（Majchrzak et al.，2016）。在过去的十年里，数字技术对商业的影响发生了巨大的变化，许多商业模式已经过时，并不断涌现出新的商业模式，其中最重要的商业模式就是数字化平台构建。将数字技术整合到基于平台的业务流程中，对于寻求在数字经济中生存并获得竞争优势的当代组织来说，已经变得越来越重要。

数字技术是数据安全的重要屏障。 数字经济时代，发展和安全双轮驱动，随着《中华人民共和国数据安全法》和《中华人民共和国个人信息保护法》等法规相继出台，网络数据和个人的信息安全保护成为各行各业关注的重点。5G、云计算、人工智能等新技术和新应用，一方面给企业带来海量的数据流量池，给企业生产经营、市场预测、生态构造提供源源不断的价值判断依据；另一方面，数据保护、用户权限控制、终端安全等问题也层出不穷。例如，人工智能中的信息茧房 [1]、深度伪造 [2]、云计算中的宽带恶意占用、业务数据泄露等安全风险时有出现。为了强化内部安全能力建设，分析和预判新技术新业务可能带来的安全风险，提升企业的安全服务能力，企业主要应采取以下措施：①积极建立各种安全实验室，强化标准技术应用，形成行业创新标杆，为数字化工作保驾护航；②打造出一套网络安全管理运营的数字化平台，实现安全运营工作的数字化、智能化，部分实现自动化。当未来服务器没有边界，企业无法基于传统的物理边界构筑安全基础设施，只能诉诸更灵活的技术手段来应对动态变化的人、终端、系统等时，就需要建立新的逻辑边界，通过对人、终端和系统都进行识别、访问控制、跟踪等，来实现全方位的身份化。

我们首先关注的是安全。我们的安全实验室，作为其中一个核心实验室，虽以安全为首要任务，仍受到了中央电视台的跟踪报道，并被授予"国家重器"的称号。基于这样的定位，我们与中央电视台合作，进行了连续的更新报道。TXy

命题1：数字技术嵌入能力是企业数字能力的第一维度，主要包括数字技术感知、数字技术捕获和数字技术转换能力。

---

[1] 信息茧房是指人们关注的信息领域会习惯性地被自己的兴趣所引导，从而将自己的生活桎梏于像蚕茧一般的"茧房"中的现象。

[2] 该技术是被称作"生成式对抗网络"的机器学习模型将图片或视频合并叠加到源图片或视频上，借助神经网络技术中的大样本学习，将人的声音、面部表情及身体动作拼接合成虚假内容的人工智能技术。

二、动态组织管理能力

卓越的动态管理能力促进了成功的战略变革，在我们的研究背景下，动态组织管理能力能够有效提高企业的绩效（Helfat and Martin，2015）。从理论上讲，组织可以通过构建最高管理层的动态组织管理能力来推动数字化。拥有足够社会和人力资本的高层管理团队更有可能感知和抓住市场机遇，并利用它们来激励和发起数字化转型等战略变革。因此，动态组织管理能力是企业动态组织管理能力转型必不可少的一个组成部分。

通过案例研究我们发现，企业的动态组织管理能力主要分为两个部分：动态管理能力和动态组织能力。

1. 动态管理能力

动态管理能力建立在三个核心基础之上：管理认知资本、管理社会资本和管理人力资本。

①管理认知是指管理者的个人信念和决策心理模型。它包括管理者对当前事件的认识和理解以及对未来发展的预测，这是他们决策的基础，也是指导管理者获取新信息和知识的框架。因此，管理认知会影响管理者对市场变化的感知以及随后对这些变化的适应（吴瑶等，2022）。具有管理认知惰性的管理者将无法认识到这些变化，无法更新管理认知，从而阻碍企业的数字化转型。

②管理社会资本包括管理者与其他人之间的正式和非正式关系。管理社会资本可以帮助管理者获得多样化的资源和信息，使他们能够更好地感知市场机会和挑战，推动组织资源的重组。从这个意义上说，管理社会资本可以促进数字化战略顺利实施。

③管理人力资本包括知识、经验、技能和教育的个体管理者和管理者团队。不同的管理者在知识、经验和技能方面有着不同的背景，在获取信息、识别机会和重新配置资源方面会做出不同的反应。拥有互补知识、经验和技能的多元化管理团队更有可能成功地识别机会、抓住机会和重组组织资源、

能力和结构，促进企业的数字化转型。在管理资源方面，管理者需要应对时间冲突以及资源分配冲突（Svahn, Mathiassen, and Lindgren, 2017）。数字化成熟公司的重点是在员工队伍和领导层中拥有足够的数字化人才。组织必须投资于实施数字化战略的专业人员。例如，大数据分析师、科学家和工程师需要熟练掌握 R 语言、Python 等人工智能范式的工具。因此，在员工培训方面，如果数字技术还不够智能，员工就必须花费大量的时间来准备数据和学习智能设备，这样人们就会被拴在所谓的智能设备上。除了在技术上进行数字能力培训以外，员工在营销和服务运营方面的数字技能也需要提升，以增强价值创造能力（Verhoef, Broekhuizen, and Bart, 2021）。从人力资源管理的角度来看，数字化战略意味着具有数字化和分析技能的员工可能会取代现有的劳动力。因此，对于现有企业来说，一个关键的挑战是如何与新兴的数字企业争夺具备这些技能的人才。

2. 动态组织能力

动态组织能力是指一个组织以可靠和至少以最低限度满意的方式执行特定活动的能力。动态组织能力的总体概念包含了对不同环境下不同组织更具体的能力集合。例如，在快速变化、动态的市场中竞争的公司需要有卓越的市场感知能力（Teece, 2012）；企业必须建立他们的研究和开发能力，以获得在高科技行业的竞争优势。

组织转型后从事新的业务或竞争新的市场通常需要组织培养新的能力。过去在以技术为主要诱导的组织转型方面的研究表明：公司不仅需要构建信息技术能力，还需要构建相应的补充能力，如人力资源能力或新的服务交付能力，以充分发挥和利用技术的优势（池毛毛、王俊晶、王伟军，2022）。换句话说，成功的企业数字化战略需要企业培养新的组织能力来生存和发展。

培养专业的人才队伍。针对数字化专业人才短缺，开始加快专业人才队伍建设，全面提升专业技术人员的业务素质，着力打造适应 PJ 集团信息化、智能化发展的专业人才队伍，为 PJ 集团推进数字化转型提供人才保障。PJy——动态管理能力从项目设计开始就在软件中搭建了数字调度指挥中心。这个数字调度中心对项目建设过程、生产过程、设备运行等信息进行实时监控，全面分析。PJy——动态组织能力

另外，除了自身的这种平台能力之外，我们还比较关注与生态合作伙伴的这种打造。这种生态合作伙伴不管是国内还是国外的，我们都有两种划分：一种是我们的 SP strategy partner，我们叫 SP；另外一种就是 LP，location partner。TXy——动态管理能力

我们涉足的领域广泛，涵盖了互联网、政务、金融、教育以及交通、文旅等多个方面。其中，航班业务也是我们的一个重要组成部分。对于每一个这样的模块，我们都设有专门的部门来负责。具体来说，每个模块都配备了一个专业的团队，专注于寻找并拓展相关的客户群体。TXy——动态组织能力

命题 2：动态组织管理能力是企业数字能力的第二维度，主要包括动态管理能力和动态组织能力。

三、商业模式迭代能力

通过案例研究我们发现，目前企业的商业模式迭代能力主要体现在平台模式以及服务化方面。

1. 平台建设

平台建设是数字化商业模式最重要的形式之一（谢卫红等，2020）。数字平台是一种由技术架构和管理自主互补的治理机制组成的组织形式。一个平台的成功取决于他们对价值创造和捕获的投入。由于网络外部性的存在，这种商业模式改变了传统边际成本递增而收益递减的趋势，呈现出节点数量越多，价值反而越大的企业发展逻辑。这是基于互联网的产品和服务数量不断增加所固有的。网络外部性的大小在确定公司产品的价值方面起着重要的作用，因为潜在客户的看法受到市场赢家对所有市场情景期望的强烈影响。

平台战略是将重点转移到价值创造上，通过改变市场的现状，寻求扩大每个人的蛋糕。比较有代表性的平台有交易平台和知识共享平台等（刘洋、董久钰、魏江，2020）。随着移动设备的日益普及，社交媒体已经从根本上创造了新的互动方式，被企业尤其是中小企业认为是商业模式中最重要的沟通和价值创造手段。平台的扩散，如阿里巴巴、亚马逊等，改变了价值传递的过程（地点）和与中小企业客户的关系（Ramaswamy and Ozcan，2018）。平台具有两个基本特征：①模块化的技术架构、标准化并兼具扩展化的接口；②由独立的互补者构成，平台中的领导者会依照共同的价值主张来管理其成员（柳卸林、董彩婷、丁雪辰，2020）。

对于大型企业而言，平台模式虽然要面对较高的独立网站的维护和设置成本，但是此种模式不仅能给企业带来可观的收益和流量密码，而且也成就了企业的垄断地位。例如全球最大的 B2B 平台阿里巴巴，集聚了首屈一指的卖家和买家用户，奠定了其行业老大的位置。对于中小企业而言，网络平台也为中小企业提供了参与新的商业模式的机会，并为其创造了可观的收益。这主要是由于定期的网络流量以及较低的参与和维护费用，它可以作为中小企业市场战略的一个有效媒介。

2. 企业服务化

企业服务化是指从单纯的以产品为中心转向"产品＋服务"的模式（肖挺，2021）。服务化已成为全球制造业企业转型升级的战略方向。服务化意味着制造企业将会提供更多与其产品相关的服务（Baines and Lightfoot，2013）。通过服务化，制造商可以提高经济效率和战略优势，使其产品对市场更具吸引力（Parida，Sjödin，and Wincent，2014）。服务化要求制造商改变提供价值的方式。服务化作为一种新的商业创新模式，对企业的组织结构、技术创新、产品创新都有重要的促进作用。例如，Xu 等（2021）以制造业为研究对象发现，制造业企业通过内容、结构和治理三个要素的商业模式创新来克服障碍，该研究为新兴经济体中的制造业企业如何进行商业模式创新，实现企业服务化提供了新的视角。

虽然服务化为制造企业带来新产品和服务，但也会带来更多的服务成本。

例如，Gebauer（2007）等认为，不应该仅仅关注服务化给企业带来的有利影响，还应该看到服务化过程中给企业带来的经营成本的上升和管理难度的增加，这也是企业服务转型过程中"服务化悖论"（services paradox）出现的主要原因。综合来看，服务化模式给企业了带来三个方面的成本提升：一是政治成本，二是竞争成本，还有一种是适应服务化转型的组织成本。政治成本来源于服务化过程中企业的责权分配问题和资源分配问题（主要包括技术、人力等资源的重新分配），企业中的既得利益者会阻碍资源的重新分配，这种矛盾冲突会对企业产生大量的消耗。竞争成本来源于企业外部，作为新进入者，企业提供的新服务也意味着企业进入了崭新的商业领域。企业与其价值链下游的企业（包括分销商、服务商等）由合作状态开始变为竞争的状态，企业将不得不对这种竞争关系付出巨大的成本。组织成本的产生在于企业的服务化也是一个重要的转型战略，企业内部组织需要进行相应的变革以适应新转型（例如成立新部门、职能转换和重新划分等）。最重要的是，由于服务化这种新的形式需要大量专业的知识储备和人才支撑。因此，企业需要对人力资源进行大规模的投入，这不仅会要求企业投入大量的时间，也要求企业投入大量的资金。

我们开始整合数字技术平台，积极构建探索适合 PJ 集团业务特点和发展需求的"数据中台""业务平台"，加快形成集团级数字技术赋能平台，为业务数字化创新提供高效数据及一体化服务支撑。PJy——平台模式

在物联网领域，我们主要提供的是一站式互联网开发平台的 LP 包。这个平台不仅包含一个核心算法，还实现了统一的接入功能，专为智能行业应用而设计。通过这样的方式，物联网领域的运作就能保持顺畅。TXy——平台模式

在行业层面，我们已经构建了超过 190 个业务场景的解决方案，涵盖了小程序混合云、互联网平台人员服务等多个方面。TXy、TXe——服务化模式

命题 3：商业模式迭代能力是企业数字能力的第三维度，主要包括平台模式和服务化模式。

四、三个维度之间的关系

1. 数字技术嵌入能力与动态组织管理能力

数字技术嵌入是组织管理的一个重要工具，能够显著提升企业的协调能力，提高监督效率（Brynjolfsson and Mcelheran, 2016）。数字化时代企业的效率提升法则由"分工"演变为协同。数字技术在很大程度上革新了组织的管理逻辑（陈剑、黄朔、刘运辉，2020）。例如，生产管理智能化、营销管理精准化、资源管理高效化，这些都颠覆了企业的管理范式和管理制度。

然而，数字技术嵌入能力也需要动态组织管理能力的支持，这主要体现在数字技术嵌入的实施需要企业拥有获得新的组织能力和营销能力的管理意愿和管理能力（Matarazzo, 2021）。另外，高水平的技术不确定性意味着企业必须及时调整其管理活动，以便他们能够应对更复杂和新的技术。同时，数字管理为数字技术提供感知新的数字机遇，改变与客户互动、与客户共同创造价值的能力，意味着企业现有技术程序或技术资源配置需要做出改变，企业也需要构建新的数字技术嵌入能力（李琦、刘力钢、邵剑兵，2021）。因此，数字技术的发展和应用需要数字组织管理作为支撑。

2. 数字技术嵌入能力与商业模式迭代能力

大数据和物联网（IoT）的广泛普及，使制造和服务公司有可能利用这些技术来更新其战略和重新设计其商业模式。数字技术嵌入能力可以帮助企业创建或创造新的产品服务系统，优化客户细分和定价策略，打开新的交付和沟通渠道，并重新思考现有的收入模式和成本结构。随着智能数字技术的使用，当客户分享他们的个人数据，或自己执行业务活动时，公司可以授权客户共同创造价值。因此，数字技术嵌入能力是商业模式迭代能力的技术支撑。

新的数字商业模式往往依赖于数字技术，来实现企业、消费者和事物之间的无缝交换。但是，技术本身无法产生价值，只有当技术被组织采用时才能实现其价值，因此，数字技术嵌入能力的价值需要通过商业模式来体现。在这种情况下，数字化的商业模式革新会对企业数字技术嵌入能力提出新的要求（张娜娜、谢伟、梅亮，2022）。

3. 动态组织管理能力与商业模式迭代能力

为了成功设计和实施数字商业模式，企业需要重新划分组织部门，调配各项资源，譬如有关交易方式的处理、企业战略决策的重新制定等。以阿里巴巴为例，为了跟随数字经济的发展趋势，开始进行数字中台战略，其对组织模式以及组织运行的机制进行了重构（钟华，2017）。因此，动态组织管理能力是商业模式迭代能力的组织管理支撑。

由于数字组织管理是服务于企业的商业模式迭代能力，企业通过即时和持续获取有关商业利益相关者的新信息，有机会合理化管理的直觉和创造力（Cheah and Wang，2017）。因此，企业的商业模式迭代能力也是动态组织管理能力创新变革的来源。

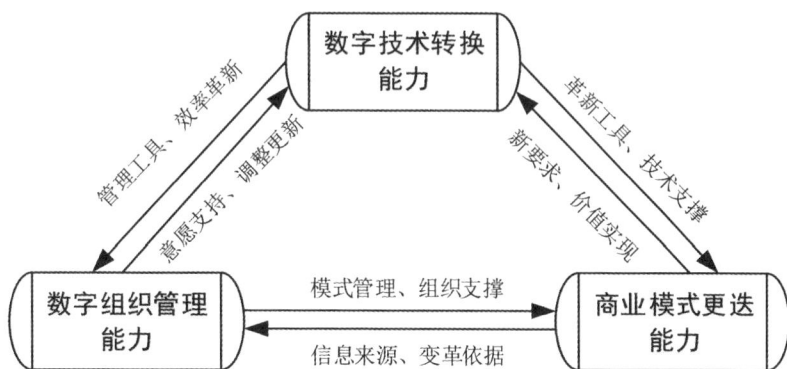

图3-2 数字能力三维度之间的关系图

第五节 本章小结

本章节主要关注的是数字化情境下，企业数字能力究竟包含几个维度，不同维度之间的特征、内涵以及相互联系是什么？据此，本章节以案例的研究方法，分别对两家典型制造业企业和服务业企业为研究对象，探索出企业数字能力应该包含数字技术嵌入能力、动态组织管理能力与商业模式更迭能力。其中，数字技术嵌入能力主要包含三个部分：数字技术感知、数字技术捕获和数字技术转换能力；动态组织管理能力主要包括动态管理能力和动态组织能力；商业模式迭代能力主要是指企业新的价值创造方式，具有代表性的两种创新模式为平台模式和服务化模式。同时，数字能力的三个维度也是相互影响和相互依赖的。

第四章 企业数字能力与国际化绩效

第一节 企业数字能力与国际化绩效之间关系的理论分析

目前，关于数字能力与企业国际化之间关系研究的理论视角主要采用资源基础观。该理论观点认为资源是被组织的或管理的，如产品的竞争力，技术和财务资源，国际经验和管理人员的领导素质等。尤其是互联网技术被认为是企业追求国际机会的重要资源。例如，Bianchi 和 Mathews（2016）认为互联网可以帮助跨国企业进入国际市场，提高国际化速度，降低交易成本，提高信息交流的沟通和效率。另外，资源基础观过于关注企业内部资源而忽视外在环境，无法解释企业如何在动荡的环境中将其资源转换为竞争优势这一问题。也就是说，资源基础观是一种静态的观点，无法适应数字化中超高速的环境变化（焦豪、杨季枫、应瑛，2021）。考虑到这种静态性，资源基础观似乎不足以描述企业数字化的全貌，而传统上，动态能力十分强调组织和技术能力在快速变化的市场中为企业提供的可持续的竞争优势。因此，企业需要动态能力，即企业的资产、过程和结构，使其能够感知和抓住新的机会，并更新其现有的资产基础，实现企业竞争力和绩效的提升。

动态能力理论指出，企业的竞争优势取决于一个独特的过程。例如，不同种类能力的协调和组合的方式，这符合我们的研究情境。我们所研究的数字能力是一种组织范围内的现象，当组织开始采取数字化战略时，其行动必须具有全面性（Singh and Hess,2017）。组织的数字化过程也是一个复杂的、革命性的、持续的过程，要求通过产品开发和服务促使组织结构和系统进行根本性的改变。这个过程可能导致企业重新评估组织规范和价值，甚至需要为改变其产品服务提供系统。因此，数字化过程本身就变得非常复杂和混乱，也有可能产生一种与当前状态根本性背离的状态。相应地，组织数字化过程是可以对整个组织产生重大的结构性和根本性影响的。由于技术可以触发这样的变化，并能够为企业提供走出过去，走向更高效、更强大的未来的手段，因此组织越来越多地期望将数字技术嵌入纳入其业务实践以提高竞争力。在这个视角下，组织的数字化战略被认为是在数字经济中集成数字技术和业务流程的组织过程。然而，企业的数字化不仅仅是关于技术实施的（Kane，Palmer，and PhillipsAl，2015），它还需要通过一系列的管理措施改革，构建新的业务运营，通过数字技术促进和充分利用企业的核心竞争力，以获得竞争优势的过程（Brynjolfsson and Hitt，2000）。因此，准确地理解组织如何管理它们的数字化战略也是至关重要的。另外，动态能力理论分析了在快速技术变革环境中企业创造和获取财富的来源和方法，这是构建企业新商业模式的基础。因此，企业的数字能力应该是从数字技术嵌入、动态组织管理能力和商业模式迭代能力三个方面进行的探讨。

数字化挑战了国际商业领域的基础，并迫使其重新审视企业自身的发展方式（Banalieva and Dhanaraj，2019），而数字能力对企业国际扩张的影响是一个不断增长的研究领域。国际商业领域的研究长期以来一直强调信息技术能力是如何改变国际化进程的，强调诸如降低交易成本、用户网络经济、速度和可伸缩性等，但对于数字能力的研究尚未有明确进展。传统上，动态能力指出企业需要具备三个面向战略变化的能力：①感知新的机会和威胁；②抓住新的机会；③转换或重新配置现有的业务模型和战略的能力。在国际战略情境下这三种能力变为：①感知，即确定和评估国内外的机会；②抓住，即在全球范围内调动资源以抓住机遇，并从中获取价值；③转化，即全球范围内的持续更新。这三种能力作为一种"高阶"的能力，是能够改变企业解决问题方式的能力。虽然，这三种高阶能力为解释动态能力对企业绩效提升的促进作用提供了研究视角，但是在如何指导企业具体行为方面较为模糊。这是因为能力是复杂的、结构化的和多维的（Winter，2003），这意味着在不同的外部环境下，企业通过提升数字能力而对企业绩效产生影响所做出的努力也不尽相同。

因此，我们认为动态能力理论对于企业数字能力与国际化绩效之间关系的解释机制的重点在于，企业数字能力不同维度在感知机会、抓住机会和转化机会三个方面对企业国际化绩效产生的影响。数字化是一个非常广泛的概念，它不仅包含了相关的数字技术，还包括了对数字化的管理以及商业模式的更新。目前的研究充分肯定了数字技术，嵌入能力、数字化商业模式以及数字化管理能力会对企业国际化产生有益的影响（詹晓宁、欧阳永福，2018）。例如，动态能力中的技术能力可以通过大数据、云计算等数字技术帮助企业进行机会感知（Reuber and Fischer，2011）；动态组织管理能力也可以通过数字管理者个人的技能感知市场机会和威胁；同样地，数字商业模式中以客户为中心的创新模式也是企业进行市场预测和规避市场风险的重要手段。这也就意味着在实现企业的机会感知能力时，企业可以在技术升级、动态组织管理能力等不同方面共同努力。对抓住机会与转化机会来说，不同维度下的数字能力也会发挥出不同的作用。

但是，数字化战略中较高的失败率警示我们，数字能力中的某一种或者两种以上的能力也有可能产生负面的影响。例如，有学者提出随着数字化技术变得越来越统一和易于购买，其数字化技术带来的优势会减弱甚至消失（Mikalef and Pateli，2017）。也有学者提出，数字化中的商业模式能力会给企业带来巨大的成本压力（王开科、吴国兵、章贵军，2020），这也会使企业的国际化过程不尽如人意。因此，我们需要详细探讨数字技术嵌入能力、动态组织管理能力以及商业模式迭代能力三个维度下的差异化影响，这能够为企业的国际化战略提供更加严谨和准确的指导。

虽然大部分学者都支持了数字能力对企业国际化绩效方面的有益影响，但是，这种有益的影响是受到各种边界条件的制约的（Kohtamäki，Parida，and Oghazi，2019）。这一观点与先前支持相反证据的学者一致，即如果没有相关条件的约束，数字化战略带来的价值是值得怀疑的（Kim and Tamer Cavusgil，2005）。目前来看，这些边界条件分为以下几类：①高管特征（杨志波、董雅松、杨兰桥，2021）。学者们认为企业领导者的个人特征会影响数字化转型对企业绩效等的影响。例如，女性企业家由于家庭责任意识比较重，因此比男性企业家更能充分利用数字技术带来的有利影响（因为女性企业家倾向于在家办公）；②产品特征（Jean and Kim，2020）。产品复杂性和竞争强度可能会产生信息处理需求，从而塑造信息技术能力的有效性；③国家经济发展水平会影响网络接入（Clarke and Wallsten，2006）。由于发达国家的网络接入较为普遍，因此发展中国家的企业更倾向于进入发达国家。从以上分析可以看出，针对边界条件的探究都是从企业内部特征以及国家层面进行的探索，缺乏对行业层面以及企业内部资金支持方面的探究。

在本书中，我们认为由于动态能力理论强调动态环境的重要作用，而这些环境通常是由不可抗力引起的。因此，行业动态环境是企业一种重要的外部环境。针对行业层面的数字化发展能力来说，企业层面的能力建设会受到行业环境的影响，而且，数字化战略具有明显的"同群效应"（倪克金、刘修岩，2022）。这也就意味着当同一行业内的多家企业开始实施数字化战略时，焦点企业的数字领导者会通过其感知机会和威胁的能力进行判断和预测是否进行能力部署以追赶先进企业的步伐。但是，当企业追赶之后这种竞争优势是否消失，继而降低对企业国际化绩效的负面影响，这又会影响企业的下一步决策。因此，行业数字能力对企业数字能力与国际化绩效之间的关系具有重要的调节作用。

另外，动态能力理论十分重视专有资产的作用，尤其是金融杠杆（Teece，2014）。金融资产由于其独特的价值，也是影响企业数字能力与企业国际化绩效提升的一个重要的边界条件。投资金融资产带来的超额收益使得企业更愿意将资金投入金融市场（Tao，Chen，and Li，2021）。无论是企业数字化还是全球化，都面临着巨大的资金压力，而金融化带来的超额收益可以有效缓解这种资金约束。同时，最重要的是，目前企业金融化逐渐带有数字特性。这使得企业金融化带来的影响将不仅仅是缓解资金短缺的问题，更重要的是能够帮助企业更加顺利地进行数字化战略转型（刘莉、杨宏睿，2022）。因此，企业的金融化水平也是影响企业数字能力与国际化绩效之间的关系的重要调节作用之一。最终，我们将行业数字能力与企业金融化纳入研究模型之中。

动态能力理论还对企业数字能力的长期影响机制进行了解释。由于动态能力是特定环境下的，并且嵌入在组织中，企业必须随着时间的推移来构建它们。最重要的是，动态能力理论解释了企业的"路径依赖"问题（焦豪、杨季枫、应瑛，2021）。当存在收益递增的条件时，路径依赖的重要性就会被放大。一个公司以前的投资和它的惯例会限制它未来的行为。目前的研究大多还是基于企业短期行为进行的尝试性探索。由于数字化战略是一个长期的、全景式的、综合性的企业战略决策集合，对短期效用的研究则失之偏颇。企业的国际化战略也是一种长期的行为，随着国际化程度的加深和范围的扩大，企业所面临的外部环境将更加复杂。因此，对短期效用的研究将不足以解释数字能力对企业国际化绩效的影响。

综上，本节主要探究数字能力三个维度对企业国际化绩效的差异化影响，并探究行业数字能力与企业金融化水平的调节作用。理论框架如图 4-1 所示。

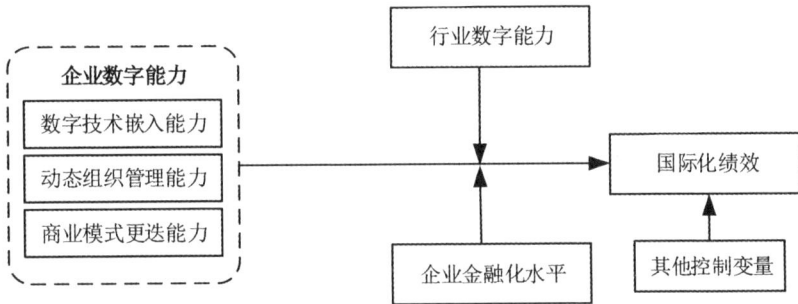

图4-1 理论框架

第二节 变量之间关系的假设提出

一、企业数字能力与国际化绩效

企业的数字化一方面满足了跨国企业对海外市场需求的即时响应；另一方面，企业也能够实时从外部获取东道国市场环境中的显性和隐性知识，降低知识在不同情境下使用的试错成本。在本节中，针对企业数字能力各个维度对国际化绩效的影响，我们以动态能力提出的三种维度：感知机会和威胁、抓住机会以及转换机制（主要是指资源和能力的重新配置）来探讨企业数字能力对国际化绩效的具体影响机制。

1. 企业数字技术嵌入能力与国际化绩效

人们一致认为，采用先进的数字化技术将给企业带来许多好处。各公司正在逐步将数字化技术应用到国际商务活动中。技术不仅能够提高企业的生产效率、降低企业成本压力、提升企业决策理能力，也能进一步地提升企业的价值链地位，为企业全球化战略打下基础。不同的技术也会带来不同的影响。例如，区块链技术有利于增加企业生产流程和交易流程的透明度、3D打印技术可以改变制造过程的规模和组织，进而推动企业在世界范围内的商务活动，物联网和大数据重新界定了企业与市场互动的新形式。具体来看，我们认为数字技术嵌入能力对企业的国际化绩效产生的影响主要有如下几点。

（1）从感知机会和威胁的角度来说，数字技术嵌入能力有利于提高国际市场机会感知和国际化动机，从而提升企业的国际化绩效。

数字技术嵌入能力可以实现企业在国际化中对市场机会和威胁感知的能力。这是因为数字化技术可以帮助企业通过物联网、人工智能等技术提高对外国市场的了解，促进更好的产品定制，培养高水平的配套能力来识别和评估东道国的需求特征。这种对东道国市场的实时把控行为，提高了企业家识别和开发外部机会的能力，从而可能促进企业的国际化绩效（Falahat, Lee, and Ramayah, 2020）。进一步地，数字技术嵌入能力可以帮助企业更深刻地洞察行业发展前景，更准确地把握客户心理，构建更系统和更高效的决策机制，预测客户需求，引导客户行为，从而增强其国际化过程中的核心竞争力的提升。

数字技术嵌入能力还有利于提升企业的国际化动机。Pickernell 等（2016）研究显示数字化技术可以直接促进销售，提高企业的国际化倾向。另外，还有研究显示，信息和通信技术的进步也是国际企业家精神的促进因素（Reuber and Fischer, 2011）。也就是说，数字技术的快速发展，新的消费模式和价值创造模式的出现使得企业有望在全球市场中进行角逐，这增加了企业家们开拓国际市场的愿望，可以为进军国际市场提供战略支持（Elia et al., 2021）。这有利于企业进行统一的战略规划，带动各个职能部门齐心协力进军国际市场，最终促进企业国际化绩效的提升。

（2）从抓住国际市场机会的角度来说，数字技术嵌入能力有利于促进企业的产品生产、产品创新、消费体验以及生产效率，从而提升企业的国际化绩效。

对于产品生产方面来说，随着产品生命周期变得越来越短，国际市场对于企业的生产能力提出了更高的要求。"互联网＋生产"的方式促使自组织式生产的诞生（魏江、刘嘉玲、刘洋，2021）。这种生产方式兼具大规模定制性和灵活性的特征，由于生产设备完全通过软件控制，不需要耗时的模具更换工艺，使得"中国制造"的产品即使在本土生产也能很好地实现国际消费者的个性化定制需求，进一步抢占"智能制造"战略制高点。从产品创新方面来说，数字化技术中的数据搜集和数据分析能力对企业的产品创新具有积极的影响（Wang，Dou，and Zhu，2015）。首先，企业大数据技术不仅促进了企业开发增量创新的能力；还能够通过对现有产品、服务和流程的微小变化，实现对新产品和服务的根本性创新（Mikalef，Boura，and Lekakos，2018）。其次，数字化中的智能生产改变了人与科技的互动方式，这在一定程度上提升了企业产品的创造能力，为企业打造个性化的产品和服务提供了技术支持（余菲菲、董飞，2020）。最后，当企业专注于跨界数字技术的应用时，可以改变组织创造价值的方式以及组织与消费者互动和交换价值的方式。数字化技术改善了企业与客户（现有的和潜在的）之间的沟通，使企业能更好地理解客户需求（Matarazzo et al.，2021）。因而，数字技术可以帮助企业检索大量的和多样化的数据，特别是从用户那里收集数据（如访谈或用户工具包）。在这种情况下，用户数据可以提供来自用户的额外和更全面的见解，这就促进了以用户为中心创新的口号的实现，进而有效地促进了消费体验（Trabucchi，Buganza，and Dell'Era，2018）。数字技术还能够促进产品的生产效率。由于机器人的出现，企业生产工具由人的脑力和体力变为机器人，这促进了企业的高效率和定制化的生产（Autor，2015）。因此，从这个方面来说，数字技术嵌入能力能够有效地促进企业国际化绩效的提升。

（3）从资源和能力的重新配置角度来说，数字技术嵌入能力有利于企业知识／资源的获取和保护、成本降低、组织联盟以及全球价值链地位提升，从而提升了企业的国际化绩效。

数字技术嵌入能力对企业资源的影响首先体现在对跨国企业知识／资源的获取和保护方面。跨国企业需要具备一定的核心知识（需要在公司层面开发）和一定的外围知识（需要在服务交付点开发）才能在国际市场中获得竞争力（赵文丽、叶广宇、闫妍，2023）。资源基础观也指出，企业之间竞争力的差异来自企业间无形知识资源的价值高低以及嵌入知识中的因果模糊性。数字技术嵌入能力对知识和资源获取的促进作用体现在：一方面数字化技术提高了知识跨国界的可转移性，这使得企业可以将在国内积累的知识有效地转移到国外市场中；另一方面，数字化技术可以帮助企业积累国外市场知识，帮助企业收集和筛选有关外国市场和客户需求的相关信息（Neubert，2018），支持企业跨国营销和与世界各地的遥远客户的接触。尤其是企业通过数字技术嵌入获取的在线技术能力，有利于企业成功获取与国际机会相关的资源，包括与国际客户供应商的良好关系以及更好的国际市场绩效（Reuber and Fischer，2011）。另外，跨国企业可以通过投资多层数字技术来保护所获取的知识，以保持其竞争优势。这是因为技术壁垒的提高有助于提高用户平台的转换成本，进而提高客户忠诚度。技术壁垒的第一道防线通常是提高技术的复杂性，这增加了因果关系的模糊性，并减少了被模仿的威胁（Banalieva and Dhanaraj，2019）。

对资源配置方面的促进还体现在数字技术可以降低成本上。数字技术会影响企业的成本结构，这是因为数字化技术一方面通过机器人或虚拟代理代替昂贵的人力资源；另一方面通过使用人工智能和区块链优化物流管理和降低供应链成本（Verhoef，2021）。数字技术还可以降低信息不对称，改善企业的信息搜寻成本、信息处理成本、信息传递成本以及事后的转换成本（刘政等，2020）。这是因为面对海量的信息数据，任何高管和员工都无法仅通过人力来完成对数据整理和有效信息的提取，而数字化技术可以将海量数据通过计算机等硬件和数据库等软件进行有效整理、分析和预测。这不仅大大降低了自然人处理数据的主观偏见、能力不足所带来的数据处理错误等情况，还进一步降低了信息处理成本（例如，人力成本和试错成本）。

动态能力理论指出企业内外资源的整合包括评估企业何时以及如何与

其他组织结成联盟（Teece，2012）。因此，数字技术嵌入能力对企业资源和能力的影响还体现在对合作伙伴的获取以及价值链的构建方面。首先从找寻合作伙伴方面来说，即使是最小的公司也可以通过互联网直接进入国外市场。但是，由于跨文化差异的存在，企业需要与特定地区客户和合作伙伴进行有效沟通，这对于需要通过互联网而建立的国际存在感至关重要（Reuber and Fischer，2011）。长期以来，人们一直认为技术能够使企业在交换伙伴之间建立实时联系，从而改变企业管理及其处理与外部伙伴关系的方式。特别是在国际背景下，企业间的关系受到文化距离和地理距离的强烈影响，而数字化技术已被视为降低交易各方沟通成本的有效工具（Kevin Tseng and Johnsen，2011）。正如 Hamill 和 Gregory（1997）所观察到的，互联网连接可以大大改善企业与现有外国客户、供应商、代理商和分销商的沟通，识别新的客户和分销商，并产生关于市场趋势和最新技术的大量信息。它还提供了一种更有效的方式来发展和维护与客户、渠道合作伙伴、供应商和网络合作伙伴的关系。例如，许多公司采用了先进的组织间信息系统，不仅支持对供应商的产品制造的过程进行有效的监控，也能够与供应商进行及时沟通和交流。因此，采用数字化技术可以通过与市场中的合作伙伴建立良好的合作关系，获取更多的资源来提高企业的国际化绩效。

从对价值链的促进方面来说：首先，数字化技术可以提高价值链中信息的集散效率。数字化技术可以使企业在供应链、经销商和合作伙伴之间自动共享和集成信息（Cassetta，Monarca，and Dileo，2020）。同时，与数字化相关的技术可以为企业的供应链系统更高层次的可见性和追溯信息能力的提升提供技术支持，实现从产品的材料采购、生产到销售全链条方面的可视化（李勇建、陈婷，2021），尤其在开拓国外市场的过程中，供应链的可视化可以保障产品安全和降低人工监督成本。因此，对数字化技术的投资是提高企业供应链和获得竞争优势的重要战略行为。跨国企业可以利用数字技术的优势，将生产定位在国内或靠近服务市场以增强产品多样性来重新配置它们的价值链。其次，数字化技术可以实现价值链上下游的整合。企业可以利用数字化技术方面的优势，与业务伙伴、供应商、分销网络和客户实现更好的连接，并支持新的全球价值链的整合（Jin，Vonderembse，and

Ragu-Nathan，2014）。当前的研究表明，数字技术可以帮助消费者搜索产品和价格，并允许企业联系潜在的外国消费者。这些功能可能会取代出口中间商通常履行的某些职能，进一步精简价值链的长度并提高企业在价值链中的地位。另外，数字技术通过对企业赋能，促进了供应链的重构，使得企业能够更快和更有质量地满足消费者需求，创造更高的企业价值（Wang，Gunasekaran，and Ngai，2016）。最后，数字化技术可以形成额外的销售渠道，通过与客户、供应商和分销商更密切、更直接的联系来加强相互间的商业关系（Morgan-Thomas，2009），并增加对外国市场和潜在竞争对手的了解，从而有助于减少地理距离和进入成本，打破与国际市场相关的商业壁垒（Bianchi and Mathews，2016）。尤其对于中小企业来说，它可以有助于减轻与企业规模相关的国际化传统负担，例如财力和人力资源投入（Kevin Tseng and Johnsen，2011）。因此，整体上我们提出：

假设 1a：数字技术嵌入能力对企业的国际化绩效有正向影响

2. 动态组织管理能力与国际化绩效

随着数字化在企业之中的普及，数字化的管理思想也被逐渐嵌入企业的日常运营管理活动中（刘洋、董久钰、魏江，2020），动态组织管理能力不仅能够让企业的财务管理、内部控制等管理过程更加透明，也会使企业的管理更加有效率（曾建光、王立彦，2015）。实施数字化战略并非仅仅是组织适应当前数字环境的一个简单步骤，而是一个持续且复杂的过程。这是因为，当企业已经适应目前这个环境时，环境很可能已经发生了巨大的变化。因此，世界各地的公司都面临着一个挑战，即如何快速且持续地调整其组织结构，以适应数字时代不断变化的环境（Sousa-Zomer，Neely，and Martinez，2020）。企业的管理者也需要平衡各个部门与各层面的目标，这样可以保证企业的可持续经营和发展（董祺，2013）。同时，企业的跨国行为也严重依赖于相应的组织变化和人力资本能力（Bianchi and Mathews，2016）。具体来看，动态组织管理能力对企业国际化绩效的影响体现在以下几个方面。

（1）从感知机会和威胁的角度来说，动态组织管理能力有利于提高企业决策效率以及组织灵活性，从而提升企业的国际化绩效。

动态组织管理能力可以全面提高企业评估国际市场潜力的决策效率（Denicolai, Zucchella, and Magnani, 2021）。这种能力对于面向全球客户的企业越来越重要。这是因为，动态组织管理能力总体上提高了处理高度复杂的国外环境的能力。传统的决策信息由于搜集方式和搜集时间的限制，致使所得数据较为滞后。然而，数字经济时代，市场环境和市场竞争瞬息万变，这就要求决策所依据的数据信息必须足够新颖和准确。需要注意的是，由于数据仅仅是一堆被量化的符号，本身并未有固定的含义和价值（戚聿东、肖旭，2020），因此，数字化的决策需要企业内部之间互联互通，打破信息孤岛，将数字信息有效地在各个部门之间进行传送和整合。

具体来说，动态组织管理能力有利于促进决策的主体丰富性、决策的全面性和连贯性。第一，决策主体丰富性。一方面，目前的动态组织管理能力使得企业的决策不再仅仅依靠自然人或者组织，人工智能技术带来的智能决策开始发挥出巨大的威力（陈国青等，2020）；另一方面，先进的信息管理系统允许我们的销售人员与我们的财务人员、车间人员及时分享信息，使我们能够给客户提供额外的产品性能数据，以满足企业国际客户的需求。同时，企业的数字化战略使得企业开始逐渐削弱高层管理者的权力、增强中层和基层的权力、诱使企业向下赋权，进而减少了组织的代理成本（刘政等，2020）；第二，决策的全面性和连贯性。智能决策一方面突破了Simon等提出的"有限理性"限制，更是将决策的过程从事前决策推广至事后的效果反馈、评估等环节。这种非线性的决策模式的转变，有利于决策者提高决策的全面性和连贯性。例如，ERP系统允许公司在不同的职能领域及时共享信息，包括财务、销售和制造部门，这促进了企业不同部门之间的协调效率。

动态组织管理能力还有利于组织灵活性的提高。实际上，组织的灵活性主要依赖于组织结构，组织结构影响企业对动态环境变化的反应（Wilden et al., 2013），这是因为组织结构规定了允许和约束个人和集体行动的条件，为组织内部的互动提供了可能（Felin et al., 2012）。专注于传统控制系统的组织结构可能会阻碍在快节奏的数字市场中进行运作所需的灵活性。围绕明确定义的管理层级创建的命令式与控制式工作环境的组织结构虽然能够很好地提高效率，但它们使员工更难对客户的要求做出快速反应（Dery et al.，2017）。然而，数字经济时代，商业机会几乎都是稍纵即逝的，缺乏灵活性的企业管理模式必定会拖企业后腿。当企业拥有动态的管理能力和组织能力时，高层管理者能够保持管理认知的不断更新，更有可能最先发现并率先实施新的商业模式。这是数字化战略的关键，也是企业促进企业国际化绩效提升的关键。

（2）从资源和能力的重新配置方面来说，动态组织管理能力有利于国际化信息的接收与理解，从而提升企业的国际化绩效。

动态组织管理能力能够显著改善企业对于信息的接收与理解，使得信息和知识要素更加顺畅地在企业各个部门之间流动和使用（沈国兵和袁征宇，2020）。一方面，动态组织管理能力可以将技术资源进行有效转化。其中的关键在于企业的人力资本具备足够的技能来开发、保存和利用它们，包括管理技能和解决问题的技能。因此，动态组织管理能力将企业的技术资源转化为实际的企业价值。另一方面，管理的数字化可以将客户知识进行有效转化。当数字化的技术通过成功地收集和利用有关客户、竞争对手和市场的有价值的知识之后，企业通过动态管理能够设计和实施新的价值创造过程，这些过程又重新转化为为客户提供全新的数据驱动产品，这将最终导致企业盈利能力的提高。

然而，随着动态组织管理能力的提升，其负面效应逐渐开始凸显。

第一，随着动态组织管理能力的提升，企业家们开始倾向于拓宽国际市场的进入范围，这一方面会导致组织管理成本的快速提升；另一方面也会加大企业管理的难度。从成本方面来讲，在快节奏的环境中，企业需要感知能力来预测最新的数字化趋势，并为企业数字化战略的不断更新提供素材。然而，企业国际化市场开拓的步骤是逐渐从地理相近的地区开始，然后再进行较远地区的国家或者城市的探索。企业国际市场的拓宽意味着企业需要管理许多地理距离较远的国际市场，而远距离的管理模式并不利于母国企业掌握特定地理空间范围内的"软信息"，这在一定程度上制约了企业的预测能力，还会引发代理冲突问题（罗进辉、黄泽悦、朱军，2017）。同时，随着国际市场范围的扩大，企业要想提升数字化的管理方式，就需要付出更多的管理成本。例如，建设新系统和培训员工。一方面，企业为了适应新的数字环境而设置的新系统通常也是昂贵的，其投资回报时间也较长（Wamba，Gunasekaran and Akter，2017）；另一方面，员工是企业专有知识的主要载体，员工的知识储备与对员工的投资密切相关（卢剑峰、陈思，2021）。另外，这个时候企业外部知识搜寻广度和深度也逐渐加大，对所管理的企业员工在数量和质量上的要求都有所提升，迫使企业不断在培训员工方面加大投入。

从管理难度方面来说，国际范围的扩大也带来了国际环境的动态性提升。企业数字化不是一个孤立的实践，而是企业与环境共同演变的结果。随着全球化和新技术的发展，客户的具体需求越来越多，外部环境的不确定性也不断增加。之前的研究已经指出，尽管数字化管理者意识到企业持续改进的重要性，但他们发现管理持续的变化和改进是一项具有挑战性的任务。以行业为重点的研究也发现，那些能够取得更好结果的数字化成熟组织，往往是那些通过培养成熟转型条件来推动数字化的组织。因此，当企业在国际拓展程度加深时，有必要创建一个必要的数字基础设施来协调持续的改进工作。另外，与数字化战略相关的职责非常复杂，对于数字化管理者来说，除了最初的职责之外，还要管理与数字化战略相关的职责，这些职责在很多情况下是非常具有挑战性的（Singh and Hess，2017）。例如，首席信息官（CIO）最初的职责是管理信息技术等基础设施的操作，然而，随着企业数字化程度的加深，CIO 还需要从数字化资产中创造价值和收入。另外，随着动态组织管理能力的水平提升，对整个组织中的员工的要求也会随之改变，由于员工是企业运行的最基本的元素，因此改变整个组织中员工的思想和行为才是真正的挑战。

第二，随着动态组织管理能力的提升，企业管理中的路径依赖效应开始显现。企业以前的投资行为和它的惯例会限制它未来的行为。随着管理障碍加大，管理者通常不愿意尝试新的管理模式（Amit and Zott，2001）。对于组织管理方面来说，组织在层级结构、决策流程以及文化制度上的路径依赖现象尤其严重，这阻碍了动态组织管理能力效果的发挥（刘政等，2020），然而不同国家的管理模式需要进行相应的改变，"路径依赖"效应的出现使得企业的管理模式难以适应东道国的发展状况。这种成本和困难的提升最终会影响企业国际化绩效的提升。因此，最终我们提出：

假设 1b：动态组织管理能力与企业的国际化绩效呈倒 U 型关系

3. 商业模式迭代能力与国际化绩效

近年来，商业模式转型已经彻底改变了企业与消费者、供应商和其他利益相关者建立关系的方式，并创新了企业价值获取的方式（Matarazzo et al., 2021）。商业模式迭代能力代表着企业的价值交付过程，也是企业价值的最终体现。商业模式迭代能力对企业国际化绩效的影响主要体现在以下两个方面。

（1）从抓住市场机会方面来说，商业模式迭代能力有利于提高企业的产品创新能力和改善交易，从而提升企业的国际化绩效。

产品创新是企业抓住商业机会的一种重要手段（解学梅、韩宇航，2022）。商业模式迭代能力对提升企业抓住机会的能力主要体现在对两种创新方式的变革方面：第一，以"用户为中心"的创新。数字时代的商业模式是面向用户需求的（张宝建等，2021）。商业模式迭代能力是可以充分利用社交媒体中用户生成的数据的，这部分数据是创新的知识来源。商业模式迭代能力中以用户为中心的创新方法的主要假设是：企业可以通过询问用户需求，或者通过观察他们使用现有产品，跟踪他们在消费过程中的行为，来推断出独特的见解以进行产品创新。因此，用户作为创新的信息来源，也是最终解决方案的主要受益者。第二，"用户驱动"的创新。如第一章中的现实背景所述，用户驱动的创新要求企业与个别客户合作开发新产品，以触发和实施共同创造价值的举措。这意味着用户不仅仅是消费者，他们也是生产者。这两种创新模式的采用，进一步提高了企业抓住各种市场机会的能力。在国际化情境下，单个企业几乎很难实现满足所有国家的消费者需求，这会让企业丧失部分国际市场。而以"用户为中心"和"用户驱动"两种方式的创新，不仅可以帮助企业快速了解客户需求，也能将消费者变为生产者，降低文化距离、制度距离带来的负面影响。

商业模式迭代能力也有利于通过改善企业之间的交易流程来抓住机会。商业模式迭代能力打造了灵活便捷的商品交付模式。例如，平台网站可以为中小型企业提供包括发布、交互性、交易和流程改进在内的功能。服务化可以补充和取代企业的一些传统的国际营销功能，如在线推广、交流、交易和市场研究等。同时，商品交易大多通过数字平台完成电子金融交易，这种数字流程被认为比传统流程更透明。这提高了参与跨境活动企业的交易灵活性、便捷性以及可信性。因此，商业模式迭代能力可以通过改善产品创新方式与交易流程，提升企业抓住机会的能力，进而影响企业国际化绩效的提升。

（2）从资源和能力的重新配置方面来说，商业模式迭代能力有利于企业全球价值链地位的提升，进而提升企业的国际化绩效。

当企业开始考虑通过全球网络进行竞争时，商业模式创新就变得极其重要。这是因为在数字化时代，商业模式的数字化发展使得产品开发、制造、物流、营销、销售、售后服务等核心功能正在被重新定义，它们之间的协调力度也正在加大，因此，商业模式迭代能力也有利于提升企业的价值链地位，进而优化企业资源和能力的重新配置。同时，商业模式中的平台模式自带网络外部性，因此在全球范围内积极使用该平台的用户越多，它就越具有吸引力，从而更加激励供应商、广告商和订阅者的加入（Banalieva and Dhanaraj，2019）。当平台中的国际卖家和买家达到一定程度时，则企业极其容易获得垄断地位，更难被其他竞争者击败，这会进一步增强其在国外市场的竞争力，从而有助于企业国际化绩效的提升。

然而，随着商业模式迭代能力的提升，其负面效应也开始凸显。

动态能力理论认为，当环境发生改变时，企业需要通过重新配置相关资源和能力来获得可持续的竞争优势，从而抓住新的市场机会。因此，企业有必要在数字情境转变或者发现新进入者加入之后及时进行商业模式调整。在国际市场中，当企业的国际化发展到一定程度之后，适时的战略模式转换是必须的。然而，这个阶段的商业模式迭代能力却给企业的国际化绩效的提升带来了一定的负面影响。具体来看如下。

第一，与动态组织管理能力所面临的情境类似，企业商业模式迭代能力的提升也在一定程度上促进了企业开拓更多国际市场的机会和意愿，而国际市场范围的扩大，也产生了大量的成本，给企业国际化绩效带来了更多的负面影响。

由于语言、文化等的差异化存在，国家地理边界的不连续性往往会限制人们之间的交流和互动。同时，除了这些边界效应外，网络外部性还会受到地理文化等距离的约束（Stallkamp and Schotter，2021）。尽管学者和实践者经常强调数字技术可以带来距离递减效应。然而，平台用户之间的空间邻近性对于许多类型的平台仍然至关重要。虽然国际化为企业提供了更有效地访问更多、地理位置更远的潜在客户和其他潜在利益相关者的机会，然而，随着国际化范围的扩大，企业面临的国外市场的竞争对手的数量也不断增多。企业为了应对这一状况，必然需要做出相应的改变。例如，企业需要改造现有的商业模式（重新配置现有模式、扩展现有业务等）、开发新的商业模式（排挤现有的市场参与者、新产品／服务），尤其是海外的生产设施布局，对大多数公司来说都需要大量的资源承诺、风险和转换成本，而无论是服务化还是平台的更新都会给企业带来更多的服务困难和更高的成本（Cenamor，Sjödin，and Parida，2017）。除了商业模式变更以外，为商业模式服务的供应链成本也在增加，这是因为企业需要投入大量的基础设施建设（例如物流、仓储等），而随着国际化程度的加深，这种投资也会越来越大（李勇建、陈婷，2021）。因此，在既定的商业模式逐渐发展到一定程度以后，其所带来的边际收益将会降低，而跨国和多国化战略带来的成本压力开始凸显。

第二，商业模式迭代能力面临着更加严重的"路径依赖"问题，难以对企业国际化绩效产生更多有益的影响。

商业模式迭代能力通常涉及对专门资源的长期承诺。所涉及的活动模式越普遍、越详细，承诺的成本往往就越高。商业模式迭代能力虽然给企业带来了更多的国际市场机会，但是也给企业带来了巨大的压力，迫使它们批判性地审视当前的战略，及早识别新的商业机会，并要求管理者积极调整其商业模式的一个或多个方面，甚至设计全新的模式（Wirtz，Schilke，and Ullrich，2010）。由于追求数字化战略的组织需要做好不断驾驭动态的数字化环境的准备，一旦发现了新的机会，企业就需要通过新的商业模式设计来开发它们。但是，数字商业模式可能存在组织惰性以及改进缓慢等问题，这意味着随着组织试图在新的数字化环境中逐步扩展其当前战略和价值主张时，要开发新业务模型必须处理路径依赖以及组织惯性问题。惯性或者依赖是阻碍企业变化的重要因素，因此，这种依赖或者惯性力量可能会潜在地阻碍新商业模式的成功部署（Mikalef, Wetering, and Krogstie, 2021）。尤其是在实施国际化战略时，全球企业不仅面临着技术变革带来的更大的机遇，如更大的灵活性和反应性，同时也面临着多样化的挑战，如技术复杂性的增加、不断变化的客户偏好和新的法律要求等（Rachinger, Rauter, and Müller, 2019）。这提高了市场对企业商业模式迭代能力的要求。例如，现在的企业大都采取便宜的、免费的，甚至大量补贴的开放性资源建立企业网站，这保证了企业的基本需求。然而，当企业在动荡的全球市场逐鹿时，一个更加稳健的模式才更有利于企业长期成长。最终，我们认为随着营商环境国际化步伐的加快，企业的商业模式迭代能力面临着成本加大和路径依赖问题，这使得商业模式迭代能力对企业的国际化绩效的影响开始呈现负向影响。因此，最终我们提出：

假设 1c：商业模式迭代能力与企业的国际化绩效呈倒 U 型关系

二、行业数字能力的调节作用

在目标相似、结构相似、产业相似的同一个行业中，企业之间会广泛出现模仿、学习和竞争的行为（Winston and Zimmerman, 2003）。这种主动或者被动的同构行为使得企业的任何决策都需要考虑到行业的影响。因此，企业数字化战略的实施在很大程度上会受到行业趋势或者地区趋势的影响（陈玉娇、黄键斌、宋铁波，2022）。随着数字化时代的到来，企业绩效的影响因素逐渐由内部开始转移到外部，消费者、竞争者、政府组织等相关利益者对企业的影响越来越大。同时，数字化战略的技术路线、社会影响和预估收益等呈现出较高程度的不确定性。这使得企业对于数字化相关战略制定与实施非常有可能受到同群效应的影响（陈庆江、王彦萌、万茂丰，2021）。众多的研究结果显示，行业内的创新示范效应、溢出效应和竞争效应的存在（杨震宁、李东红，2010），为行业内的企业数字化战略的实施提供了机会（陈小辉、张红伟，2021）。因此，我们认为行业整体的数字能力会在企业数字能力与国际化绩效之间的关系中产生重要的调节作用。

1. 行业数字能力对焦点企业数字技术嵌入能力与国际化绩效之间关系的调节作用

当行业内企业整体的数字能力越高时，企业数字技术嵌入能力对国际化绩效的正向影响会减弱，主要是因为行业趋同效应将降低焦点企业通过数字技术嵌入能力所带来的竞争力。动态能力视角指出，只有当企业能力建立在难以模仿的资产上时，企业能力才能够提供竞争优势并产生可观的利润。一旦某种特定能力很容易被竞争对手复制或模仿，那么它们就会失去价值。因而，当行业内的整体数字能力水平提升时，行业内整体的数字化技术溢出会使得其他企业也竞相效仿，企业的数字技术嵌入能力布局将成为常态化的设置，这就使得企业通过数字技术嵌入能力带来的竞争优势降低。同时，受限于数字技术可编程性以及不确定性的影响，企业的数字技术极其容易被复制（Yoo, Boland, and Lyytinen, 2012）。根据动态能力理论的指导，企业需要在动态的环境中，不断改善企业的技术优势，这就迫使企业加大技术研发力度，通过提高技术壁垒或者更换更高级的技术形式来维持技术带来的竞争优势。因此，我们提出：

假设 2a：行业的数字能力越高，焦点企业数字技术嵌入能力对国际化绩效的正向影响越弱。

2. 行业数字能力对焦点企业动态组织管理能力与国际化之间关系的调节作用

随着行业数字能力的提升，单个企业的动态组织管理能力与国际化绩效之间的倒 U 型关系将越来越陡峭。这主要是由于作为企业的管理者，其主要的职责隶属于企业家和数字"传教士"角色。由于管理者需要对行业内的变化进行判断并提前做出决策，因此作为企业家的管理者会对行业趋势变化异常敏感。当行业数字能力提升时，管理者就开始采取行动以应对行业变化；当企业借助行业"东风"时，企业的国际化绩效会迎来一波快速的提升。然而，随着行业数字能力的稳定，企业对动态组织管理能力的继续投入增加了企业数字化过程中的成本压力；同时，由于跨国企业的市场遍布全球，跨文化带来的管理差异使得企业管理面临许多文化鸿沟和不可调和的冲突。这时，行业数字能力继续提升，给单个企业的管理也提出了更高的要求，这就进一步加大了企业数字管理的困难性。因此，当行业的数字能力提升时，企业管理的复杂性和困难性也逐渐加大，企业为了应对管理上的变革会出现各种形式主义（例如，注重喊口号、频繁无效率的开会等），从而造成绩效的快速下滑。因此，我们提出：

假设 2b：行业的数字能力越高，焦点企业动态组织管理能力与国际化绩效之间的倒 U 型关系越陡峭。

3. 行业数字能力对焦点企业商业模式迭代能力与国际化绩效之间关系的调节作用

随着行业数字能力的提升，单个企业的商业模式迭代能力与国际化绩效之间的倒 U 型关系将越来越陡峭。这主要是由于在数字化时代，企业与同行业之间的关系开始由竞争转为共生。因此，当行业的数字能力越高时，由于网络外部性以及企业共生形式的存在，企业商业模式迭代能力对国际化绩效的正向作用更加突出。例如，中小企业可以借助大型平台进行网络销售（任泽平，2021），而大型企业则依靠中小企业不断加入自身主导的平台形成垄断优势，这强化了焦点企业对东道国生态链中的其他企业的价值黏性（朱国军、孙军、徐永其，2021）。然而，行业数字能力的持续提升会影响企业进入国外市场。这是因为东道国会针对外国强势行业中的企业设置贸易保护的壁垒（Luo and Tung，2018），尤其对于具有垄断优势的大型企业来说，东道国会出于保护本国企业的目的而限制这些大型企业的进入。针对中小企业来说，由于其需要依附这些大型企业的平台，因此，其跨国商业活动也受到严重影响，这对企业的国际化绩效产生了负面的影响。因此，我们提出：

假设 2c：行业的数字能力越高，焦点企业商业模式迭代能力与国际化绩效之间的倒 U 型关系越陡峭。

三、企业金融化水平的调节作用

互联网的迅猛发展催生了数字经济，它改变了我们开展业务和日常生活的方式。为了迎接这一变化，大部分的企业开始实施数字化战略。然而，企业数字化战略通常是冗长的、繁重的和昂贵的集成项目。企业数字化战略想要发挥出重要作用，除了技术支撑以外，金融杠杆的作用也非常巨大（吴非等，2021）。

在我们的研究中，我们主要考虑到企业的国际化和数字化战略普遍面临着资金缺口的压力（邓新明等，2014）。为此，企业需要通过金融化手段来弥补这两个战略带来的资金压力。事实上，企业自身进行金融化转变的根本目的是有效利用金融市场，对企业冗余资金进行有效配置从而获取更多利润（杨松令等，2021）。这能够缓解企业资金短缺的压力，从而帮助企业实现数字化与国际化的双重目标。但是，有部分学者认为金融化的"挤出效应"会挤占其对主营业务的投资。因此，企业金融化水平的调节作用需要从两个方面来探索。另外，金融化目前所带的数字特性也在不断影响着企业的数字化与国际化行为。例如，企业金融化降低了企业之间的信息不对称，弱化了企业的投资风险（顾海峰、卞雨晨，2022）。同时，由于数字化技术的提升，使得企业金融化的手段更加丰富。这都在一定程度上影响着企业数字能力作用的发挥。具体来看，企业金融化调节作用如下。

1. 企业金融化对数字技术嵌入能力与国际化之间关系的调节作用

我们认为金融化水平越高，企业数字技术嵌入能力对国际化绩效的正向影响越强。这主要有三个方面的原因：第一，金融化的数字特征能够有效激发企业数字技术嵌入能力对国际化绩效的影响。企业金融化是技术创新的关键组成部分，能够有效支持企业数字技术的发展。众多学者都认为技术本身可能不能满足价值稀缺的标准，也就是说，它可能不是有价值的、稀有的、不可模仿的、不可替代的（Jean and Kim，2020）。只有当与数字化相关的资源和能力嵌入到更高层次的组织能力（本书指的是企业金融化）中时，才能产生竞争优势。与此观点一致的是，Morgan-Thomas 和 Bridgewater（2004）发现，在技术上进行较高财务和管理投资的公司在利用互联网出口渠道方面会更加成功。第二，金融化的数字特性降低了企业之间的信息不对称，帮助企业顺势建立数字金融的长效监管机制，降低企业主体与投资人的信任冲突（唐松、苏雪莎、赵丹妮，2022）。在这些过程中，加速了企业对不同合作伙伴的快速了解，进而更加快速地获取外部资源，帮助企业进行数字技术嵌入，提升企业的国际化绩效。第三，从传统金融化的特征来说，很多学者认为企业金融化水平越高，其"挤占效应"也越明显，原本应用于技术拓展的资金被各种金融资产所"挤占"（王红建等，2017），这将不利于数字技术能力正面影响的发挥。但是在这种强目的性（提高国际化水平和技术水平的目的）的加持下，企业金融化投资所带来的"挤占效应"将会降低，"蓄水池效应"则会促进企业数字技术嵌入能力与国际化绩效之间的关系。因此，我们提出：

假设 3a：金融化水平越高，企业数字技术嵌入能力对国际化绩效的正向影响越强。

2. 金融化水平对动态组织管理能力与国际化绩效之间关系的调节作用

企业金融化水平越高，企业动态组织管理能力与国际化绩效之间的倒 U 型关系越陡峭。这是因为金融化水平的提高在一定程度上使得企业管理者认为，企业有能力进行更进一步的国际化投资和战略扩张。由于传统企业管理者对其国际扩张的步骤是先进行简单出口、合资，再到独资这样资源承诺由少到多的渐进式进入（Johanson and Vahlne，2009），其区位选择也从地理/文化相近，再到地理/文化较远的地方进行扩张，其资金使用也是从少到多。但是，互联网行业的速度和在线服务的技术复杂性使数字化中的企业极大可能性上跳过乌普萨拉模型中的渐进式的扩张方式，采取相反的模式进行国际扩张（Wentrup，2016）。在这种国际化战略扩张背景下，无论是企业金融化的数字特征，还是传统特征（主要指蓄水池效应），在刚开始都能够显著提升企业动态组织管理能力对国际化绩效的正面影响。但是，由于动态组织管理能力真正的困难在于国际化过程中的空间复杂性与文化交互性的提升，这时，由于企业决策者处在"路径依赖"的陷阱下，极容易对已经获取收益的金融资产加大投资力度，而"挤压"原本应该用于国际扩张的资金，造成企业国际化绩效迅速下降。因此，我们提出：

假设3b：金融化水平越高，企业动态组织管理能力与国际化绩效之间的倒U型关系越陡峭。

3. 金融化水平对商业模式迭代能力与国际化绩效之间关系的调节作用

企业金融化水平越高，企业商业模式迭代能力与国际化绩效之间的倒U型关系越陡峭。从金融化的数字特性来说，金融化可以帮助企业衍生出新的运营模式，能够有效提高企业的创新意识和盈利能力（余鑫鑫等，2022），进而使得企业的国际化绩效得以提升。从传统金融特性来说，企业需要对商业模式转型进行中等到高水平的投资（Kohtamäki et al.，2020），而商业模式迭代能力的提升则需要巨大的财力支撑。对于中小企业来说，他们普遍缺乏丰富的财务和信息技术资源来维护其网站，因此仅能使用网站的部分功能以维持出口。一旦企业的金融化水平提升，财务压力降低，企业可能会产生融资行动的紧迫感。这时候的企业将会全心全意进行商业模式转型升级和国际化拓展，这将有利于企业国际化绩效的快速提升。然而，金融化的投资收益周期相对于动态的数字化环境来说时间仍然较长，难以快速回收以满足变换环境带来的商业模式革新速度。这个时候原本因为商业模式革新而面临巨大资金压力的企业，会因为企业金融化投资占用企业有限的资金而雪上加霜，影响到企业商业模式迭代能力对企业国际化绩效的正面作用。因此，最终我们认为：

假设3c：金融化水平越高，企业商业模式迭代能力与国际化绩效之间的倒U型关系越陡峭。

第三节 本章小结

本章是在前三章背景探讨、理论分析以及案例分析之后进行的理论推演。主要详细阐述了数字能力中的数字技术嵌入能力、动态组织管理能力与商业模式迭代能力对企业国际化绩效的差异化影响机制，并分析了行业数字能力与企业金融化对上述关系的调节作用。这部分研究是本书的核心部分之一，有利于读者更加清楚地了解各个变量之间的关系，为后文实证检验部分提供理论支撑。

第五章 实证分析

第一节 样本选择与数据来源

一、数据来源

本章的研究对象为2003—2019年中国A股上市公司的相关数据，数据来源较为多样化。其中，企业基本信息主要来源于学者们最常用的研究数据库——国泰安（CSMAR）（熊名宁等，2020）。国泰安是目前我国较为全面和可信度比较高的包含企业、行业和国家层面的专业数据库。企业层面的数据包含企业代码、行业信息、企业规模、收益以及投资负债等各个方面的数据。企业数字能力数据是通过使用Python爬虫技术，从企业年报中提取与企业数字化战略相关的三种能力的关键词。（吴非等，2021）。企业的金融化水平与海外销售收入是通过国泰安数据库获取的（彭俞超、韩珣、李建军，2018）。另外，为了避免离群值的影响，我们对主要连续变量在1%与99%水平上进行缩尾（Winsorize）处理，所有变量的分析过程是通过Stata16进行的。

为了保证研究结果的可靠性，我们按照常规做法对以下研究样本进行了筛选：（1）剔除ST、*ST和PT类企业数据样本；（2）剔除相关数值严重缺失的数据样本；（3）剔除银行、证券等金融类企业样本。共计获得1100家企业的相关数据，获得4740个观测值。

表5-1 样本的行业分布情况

行业代码	行业名称	样本数量	所占比例
A	农、林、牧、渔业	23	0.007
B	采矿业	58	0.019
C	制造业	2542	0.813
D	电力、热力、燃气及水生产和供应业	14	0.004
E	建筑业	79	0.025
F	批发和零售业	136	0.043
G	交通运输、仓储和邮政业	39	0.012
H	住宿和餐饮业	5	0.002
I	信息传输、软件和信息技术服务业	104	0.033
K	房地产业	40	0.013
L	租赁和商务服务业	20	0.006
M	科学研究和技术服务业	13	0.004
N	水利、环境和公共设施管理业	2	0.001
R	文化、体育和娱乐业	18	0.006
S	公共管理、社会保障和社会组织	35	0.011

表 5-1 展示了样本的行业分布情况，可以看出制造业占比呈绝对优势，由此可见，制造业企业是实施数字化战略的主要力量。

二、指标选择与变量测量

1. 国际化绩效的测量

本研究的因变量为国际化绩效。对于国际化绩效的测量方式目前有以下两种：①用焦点企业在海外的销售收入（取对数）来衡量（张双兰和孙慧，2019）。这种衡量方式简单明了地显示出企业在海外的经营状态以及变化趋势；②由于我国上市企业对有关海外的数据披露较少，因此部分学者就直接以企业的资产收益率（ROA）来代替企业的海外绩效状态。虽然企业的总资产收益率也包括了企业的海外经营情况，但是这种测量方式太过宽泛，不利于准确找出真正对海外经营造成影响的因素。因此，我们选取第一种测量方式，即将焦点企业当年在海外的销售收入作为对企业国际化绩效的测量标准。该数据来源于国泰安数据库。

2. 企业数字能力的测量

目前尚未有针对企业数字能力的测量方式，我们可借鉴有关企业数字化转型的相关测量方式进行测量。目前有关企业数字化转型的测量方式有以下几种：①将企业数字化设为虚拟变量，即将当年进行企业数字化转型的设为1，否则为0。②为了规避虚拟变量的弊端，部分学者开始采用替代变量即对焦点企业当年的资金流向进行手动测量和判断。然而，这种测量方式容易产生偏差和遗漏，而且资金流向较难查阅；因此，有学者开始将信息技术投资和企业电子商务等更易获取的代理变量作为企业数字化转型的测量依据（刘政等，2020）；③采用爬虫技术对企业年报进行有关数字转型的关键词获取。这种方式由于可实现性和准确性较高而被众多学者采用（吴非等，2021）。

由于0-1虚拟变量的测量方式和替代变量的测量方式对企业数字能力三个维度的测量有些许偏颇，不能全面地显示出企业各个维度上的数字能力水平，因此本书采用主流的测量方法，即利用Python爬虫技术对企业年报进行关键词爬取。具体步骤是，使用Python语言首先爬取巨潮网上面的上市公司的企业年报信息；接着使用Github开源项目pdfbox，基于Java语言解析pdf到txt文本；最后，使用Github开源项目jieba中文分词软件统计关键词频。关键词的选择依据有以下几种：①依据现有文献中的关键词进行选择（吴非等，2021）；②参考国家各项政策、研究报告等进行提取；③对企业进行案例访谈时所获取的有关数字能力的关键词。其中，与数字技术嵌入能力相关的关键词共计85个，与动态组织管理能力相关的共计108个，与商业模式迭代能力相关的共计106个。具体关键词见附表 1。

3. 行业数字能力的测量

针对行业数字能力水平的测量，目前有两种方式。一种是剔除焦点企业的观测值，只检测行业内其他企业的平均水平（卢家锐、刘柏，2018）。这样可以使得相同年度内的同一个行业中的不同企业之间其数字化水平也是不同的。其好处是既能表现出同行业内的其他企业对焦点企业数字能力的影响程度，也展示出焦点企业对同行业内其他企业的影响。另一种是不剔除焦点企业的观测值。这样做是因为焦点企业属于行业内的一分子，超过自己也是企业需要着重努力的方向。我们将采用剔除焦点企业的行业平均水平作为主要测量方式，并在稳健性检验中采用未剔除焦点企业的行业平均值作为替换。

4. 企业金融化水平测量

在定义金融资产时，研究者一般是根据 Penman-Nissim 的研究框架，将金融资产分为交易型金融资产、房地产投资、长期股权投资和委托贷款四类。交易性金融资产包括交易性金融资产、衍生性金融资产、净短期投资、净可供出售金融资产、净持有至到期投资和长期债务投资等。委托贷款包括金融产品和信托产品投资等新兴金融资产。广义的金融资产还包括货币资金，由于货币资金是为满足企业日常生产经营活动而持有的，我们没有将货币资金纳入金融资产的研究中。

关于企业金融化水平的测量众多学者主要是用以下两种方式进行测量的：①将虚拟变量 + 各项投资情况共同作为企业金融化的测量方式。其中虚拟变量是指如果企业当年进行了金融化的投资则设定为 1，没有投资则设定为 0；②仅对企业的各项金融投资进行测量。其中，学者们选择的相同的投资项目包括交易性金融资产、衍生金融资产、可供出售金融资产、持有到期投资。不同的投资项目存在于投资性房地产和发放贷款及垫款净额等方面。为了更好地对企业金融化进行测量，我们将采用 fin=（交易性金融资产 + 衍生金融资产 + 可供出售金融资产 + 持有至到期投资 + 投资性房地产）/ 总资产的方式测量企业金融化。

5. 控制变量

由于影响企业国际化战略和数字化战略的影响因素较多，为了控制其他变量对模型的干扰，我们也参照其他研究的做法加入了一些控制变量。主要包括以下几点。

①企业年龄（age）和企业规模（size）。企业规模是影响数字化采纳决策的最重要驱动因素之一。这是因为当组织规模较小时可能会阻碍或促进数字化的采用和实施。对于企业年龄而言，由于数字化的发展促进了天生全球化企业的出现，使得企业无论在成立早期还是在晚期都有可能实施数字化和国际化战略。

②企业的股权集中度（Shrcr）、两职合一（dual）、董事会规模（board）、董事会前三名薪酬总额（Msalary）。这几个控制变量都体现了企业管理者的权力大小以及管理者意愿。

③企业的无形资产比重（itang）、现金流（cflow）以及资产负债率（Lev）。这几个方面都体现了企业实施国际化和数字化战略的经济力量。由于数字化战略和国际化战略都需要大量的资金支持，因此，企业的经济力量显得格外重要。其中，无形资产比重是企业的无形资产与总资产的比值；现金流量 = 经营活动产生的现金流净额 / 总资产；资产负债率是反映企业借债情况的指标，也在一定程度上代表企业的资金充足情况。

④同时，我们也控制了年份和行业虚拟变量。最终，所有变量的描述及计算方法如表 5-2 所示。

表5-2 变量名称及变量含义

变量名称	变量代码	变量含义	计算方法
因变量	Over	国际化绩效	企业海外销售收入
自变量	tech	数字技术嵌入能力	有关数字技术嵌入能力关键词出现频次
	manage	动态组织管理能力	有关动态组织管理能力关键词出现频次
	model	商业模式迭代能力	有关商业模式迭代能力关键词出现频次
	whole	数字能力整体	三个维度的关键词总和

续表

变量名称	变量代码	变量含义	计算方法
调节变量	mean	行业数字能力	焦点企业所在行业的平均数字能力（剔除焦点企业）
	fin	企业金融化	fin=（交易性金融资产+衍生金融资产+可供出售金融资产+持有至到期投资+投资性房地产）/总资产
控制变量	Shrcr	股权集中度	公司前5位大股东持股比例之和
	itang	无形资产比重	企业无形资产占总资产的比重
	cflow	现金流	现金流量=经营活动产生的现金流净额/总资产
	size	公司规模	公司规模=ln（总资产）
	age	公司年龄	2022-上市年份
	state	是否国有	国有企业=1，非国有企业=0
	Lev	企业负债率	总负债率=负债合计/总资产
	dual	两职合一	董事长和总经理为同一人担任=1，否则=0
	board	董事会规模	董事会人数
	Msalary	董事会前三名薪酬	董事会前三名薪酬总额

三、回归模型

为了验证假设1a，即数字技术嵌入能力与企业的国际化绩效之间的关系呈正相关关系。我们构建了一个线性的回归模型（1）：

$$Over_i=\beta_0+\beta_1 tech_{i,t}+\beta_3 control_{i,t}+year+ind+\varepsilon_{i,t} \quad（1）$$

为了验证假设 1b 和 2c，即动态组织管理能力／商业模式迭代能力与企业的国际化绩效之间的关系呈倒 U 型关系，我们构建了一个线性的回归模型（2）和模型（3）：

$$Over_i=\beta_0+\beta_1 manage_{i,t}+\beta_2 manage^2_{i,t}+\beta_3 control_{i,t}+year+ind+\varepsilon_{i,t} \quad（2）$$

$$Over_i=\beta_0+\beta_1 manage_{i,t}+\beta_2 model^2_{i,t}+\beta_3 control_{i,t}+year+ind+\varepsilon_{i,t} \quad（3）$$

为了验证假设 2a、2b 和 2c，即行业数字能力的调节作用，我们分别为三个维度与国际化之间的关系设定了以下模型：

$$Over_i=\beta_0+\beta_1 tech_{i,t}+\beta_2 tech_{i,t}mean_{i,t}+\beta_3 mean_{i,t}+\beta_4 control_{i,t}+year+ind+\varepsilon_{i,t} \quad（4）$$

$$Over_i=\beta_0+\beta_1 tech_{i,t}+\beta_2 tech_{i,t}mean_{i,t}+\beta_3 mean_{i,t}+\beta_4 control_{i,t}+year+ind+\varepsilon_{i,t}$$

$$Over_i=\beta_0+\beta_1 manage_{i,t}+\beta_2 manage^2_{i,t}+\beta_3 mean_{i,t}+\beta_4 manage_{i,t}mean_{i,t}+\beta_5 manage^2_{i,t}mean_{i,t}+\beta_6 control_{i,t}+year+ind+\varepsilon_{i,t} \quad（5）$$

$$Over_i=\beta_0+\beta_1 model_{i,t}+\beta_2 model^2_{i,t}+\beta_3 mean_{i,t}+\beta_4 mean_{i,t}model_{i,t}+\beta_5 model^2_{i,t}mean_{i,t}+\beta_6 control_{i,t}+year+ind+\varepsilon_{i,t} \quad（6）$$

同理，为了验证假设 3a、3b 和 3c，即企业金融化水平的调节作用，我们分别为三个维度与国际化之间的关系设定了以下模型：

$$Over_i=\beta_0+\beta_1 tech_{i,t}+\beta_2 tech_{i,t}fin_{i,t}+\beta_3 fin_{i,t}+\beta_4 control_{i,t}+year+ind+\varepsilon_{i,t} \quad（7）$$

$$Over_i=\beta_0+\beta_1 manage_{i,t}+\beta_2 manage^2_{i,t}+\beta_3 fin_{i,t}+\beta_4 manage_{i,t}fin_{i,t}+\beta_5 manage^2_{i,t}fin_{i,t}+\beta_6 control_{i,t}+year+ind+\varepsilon_{i,t} \quad（8）$$

$$Over_i=model_{i,t}+model^2_{i,t}+\beta_3 fin_{i,t}+\beta_4 model_{i,t}fin_{i,t}+\beta_5 model^2_{i,t}fin_{i,t}+\beta_6 control_{i,t}+year+ind+\varepsilon_{i,t} \quad（9）$$

在所有模型中，下标 i 和 t 分别代表焦点企业和年份。tech、manage 和 model 分别代表企业的数字技术嵌入能力水平、动态组织管理能力水平和商业模式迭代能力水平，mean 代表焦点企业所在行业的数字能力水平，fin 代表企业的金融化水平，control 代表企业的所有控制变量，year 和 ind 代表企业的年份和行业虚拟变量，C 代表残差。

第二节 回归结果与分析

一、描述性统计

为了对本研究中的各个变量进行初步的认识，我们首先对各个变量进行了描述性统计分析（见表5-3）。可以看出，海外销售收入的最大值是7507（千万元）、最小值是0（千万元），标准差是476，这意味着不同企业之间的海外销售收入有较大的差距。通过对比数字技术嵌入能力、动态组织管理能力与商业模式迭代能力三个维度的均值可以发现，动态组织管理能力的均值为18.11，其次是商业模式迭代能力（10.80）和数字技术嵌入能力（3.15）；从三个维度的最大值来看，动态组织管理能力的最大值也最多，达到225个，这足以说明，目前企业对于动态组织管理能力的关注度更多。

表5-3 变量的描述性统计

变量名称	变量代码	变量含义	观测值	平均数	标准差	最小值	最大值
因变量	Over	国际化绩效	4740	140.3	476.0	0	7507
自变量	tech	数字技术嵌入能力	3997	3.15	5.770	0	34
	manage	动态组织管理能力	3997	18.11	39.15	0	225
	model	商业模式更迭能力	3997	10.80	18.25	0	107
	whole	三个维度频数之和	3997	33.03	59.24	1	330
调节变量	fin	企业金融化水平	4740	0.0910	0.268	0	1.965
	mean	行业数字能力	3997	26.20	34.60	1.510	208.3
控制变量	Shrcr	股权集中度	54.04	15.52	18.79	92.66	54.04
	itang	无形资产比重	4.684	4.299	0	58.90	4.684
	cflow	现金流	4.343	7.660	-193.8	65.94	4.343
	size	公司规模	22.04	1.264	17.88	27.70	22.04
	age	公司年龄	8.292	6.421	0	25	8.292
	state	是否国有	0.0780	0.268	0	1	0.0780
	Lev	企业负债率	42.34	21.95	0.800	286.1	42.34
	dual	两职合一	0.293	0.455	0	1	0.293
	board	董事会规模	8.631	1.659	0	18	8.631
	Msalary	董事会前三名薪酬	181.8	181.7	0	2915	181.8

为了初步判断各个变量的相关性，我们首先进行了相关性分析（如表5-4所示）。研究结果显示，大部分的变量均显著相关。其中，动态组织管理能力维度不相关可能是因为相关分析是基于线性模型进行的初步相关性分析，对于非线性关系的检测并不太准确。另外，除了企业整体数字能力（whole）与各个子维度高度相关以外，其他主要变量的相关系数均小于 0.7。初步表明不存在多重共线性问题。为了更进一步地分析变量之间是否有多重共线性问题，我们计算了方差膨胀因子（VIF），结果显示 VIF=4.90。这说明模型不存在多重共线性问题。

表5-4 各个变量的相关性分析

	1	2	3	4	5	6	7
1.Over	1						
2.tech	-0.034**	1					
3.manage	0.0110	0.406***	1				
4.model	0.032**	0.335***	0.684***	1			
5.whole	0.0110	0.514***	0.956***	0.804***	1		
6.mean	-0.033**	0.262***	0.561***	0.490***	0.555***	1	
7.fin	-0.073***	0.0120	0.033**	0.052**	0.043***	0.062***	1
8.Shrcr	0.121***	-0.060***	-0.083***	-0.041***	-0.077***	-0.091***	-0.144***
9.itang	-0.0150	0.00800	-0.034**	-0.044***	-0.029*	-0.077***	-0.046***
10.cflow	0.031**	-0.00700	0.00200	0.027*	0.00300	0.031**	-0.079***
11.size	0.526***	-0.105***	-0.044***	0.047**	-0.034**	-0.0210	-0.229***
12.age	0.100***	-0.111***	-0.049***	-0.00400	-0.054***	0.0140	0.144***
13.state	-0.037**	0.0240	-0.0100	-0.049***	-0.0200	-0.00600	0.0170
14.Lev	0.266***	-0.125***	-0.111***	-0.062***	-0.110***	-0.074***	-0.088***
15.dual	-0.069***	0.092***	0.059***	0.077***	0.079***	0.0200	0.046***
16.board	0.158***	-0.070***	-0.069***	-0.039**	-0.071***	-0.033**	-0.066***
17.Msalary	0.199***	0.036**	0.067***	0.121***	0.080***	0.058***	-0.078***

	8	9	10	11	12	13	14
8.Shrcr	1						
9.itang	-0.0230	1					
10.cflow	0.071***	-0.0180	1				
11.size	0.106***	-0.028*	0.041***	1			
12.age	-0.341***	0.0100	-0.025*	0.364***	1		
13.state	0.115***	-0.035**	0.033**	-0.103***	-0.120***	1	
14.Lev	-0.119***	0.00700	-0.157***	0.525***	0.441***	-0.118***	1
15.dual	0.050***	-0.074***	-0.0210	-0.202***	-0.225***	0.0240	-0.141***
16.board	0	0.036**	0.0110	0.290***	0.165***	-0.065***	0.175***
17.Msalary	0.0130	-0.0170	0.118***	0.332***	0.096***	0.034**	0.072***

	15	16	17
15.dual	1		
16.board	-0.174***	1	
17.Msalary	-0.049***	0.154***	1

注：*、**、*** 分别表示在 0.1、0.05 以及 0.01 的水平上显著。

二、回归结果

本研究通过豪斯曼检验确定应该采用固定效应进行回归。同时，为了避免异方差的影响，我们通过怀特检验，计算其 P 值为 0.000，显著否定了原假设，这意味着模型可能存在异方差问题。为了避免异方差对模型估计结果造成的影响，本研究运用稳健标准误方法对模型进行了修正。

1. 主效应的回归结果（如表 5-5 所示）

本研究主效应的研究假设分为 3 个，其中假设 1a 提出，企业的数字技术嵌入能力与企业的国际化绩效呈正相关关系，即数字技术嵌入能力会显著提高企业的国际化绩效。研究结果显示［模型（1）和模型（2）］：数字技术嵌入能力的回归结果显著为正（β=2.218，p<0.1）。为了验证数字技术嵌入能力是否与企业的国际化绩效呈非线性关系，我们也进一步将数字技术嵌入能力的平方项加入回归模型中，回归结果显示二次项系数不显著。这个结果支持了企业的数字技术嵌入能力与国际化绩效之间的正向相关的关系。假设 1a 通过。

模型（3）和模型（4）是为了验证企业动态组织管理能力与企业国际化绩效之间的关系而建立的。我们分别将动态组织管理能力的一次项和平方项纳入回归方程之中。研究结果显示，动态组织管理能力的一次项（β=1.444，p<0.001）和平方项（β=-0.002，p<0.001）均显著，且动态组织管理能力平方项的系数为负数，这个回归结果显著支持了假设 1b。因此，假设 1b 通过。

同样地，在模型（5）和模型（6）中，为了检验企业商业模式迭代能力与企业国际化绩效之间的关系，我们分别将商业模式迭代能力的一次项和平方项纳入回归方程之中。研究结果显示，商业模式迭代能力的一次项系数（β=1.407，p<0.05）和平方项系数（β=-0.005，p<0.001）均显著，且平方项的系数为负。这个回归结果支持了假设 1c。

模型（7）和模型（8）是为了验证企业整体的数字化水平与企业国际化绩效之间的关系。我们分别将整体数字化的一次项和平方项纳入回归方程之中。结果显示，整体数字能力的一次项（β=1.496，p<0.001）和平方项（β=-0.004，p<0.001）系数均显著，平方项系数为负。这个回归结果也支持了企业整体数字能力与企业的国际化之间的关系是呈倒 U 型的关系。

进一步地，在自变量的最小值和最大值处，自变量与因变量之间关系的斜率必须足够陡峭，否则两者之间的真实关系有可能只是 U 型或者倒 U 型中的一半，也有可能仅是对数／指数函数关系；因此，U 型关系的拐点必须在取值范围之内。在这种情况下，为了使验证结果更加准确，我们使用 Stata 中的 utest 命令进一步验证。结果显示倒 U 型关系拐点均在自变量取值范围以内，进一步验证了倒 U 型关系的真实存在。

表5-5　主效应回归结果

	（1）	（2）	（3）	（4）	（5）	（6）	（7）	（8）
H1a:tech	2.218*	2.119*						
	(1.185)	(1.249)						
tech^2		-0.000						
		(0.002)						
manage			0.896 ***	1.444 ***				
			(0.317)	(0.278)				
H1b:manage^2				-0.002 ***				
				(0.001)				
model					0.701	1.407 **		
					(0.506)	(0.568)		
H1c:model^2						-0.005 ***		
						(0.002)		
whole							0.504 ***	1.496 ***
							(0.189)	(0.464)

续表

	（1）	（2）	（3）	（4）	（5）	（6）	（7）	（8）
whole^2								-0.004 ** (0.002)
Shrcr	0.563 (0.467)	0.564 (0.467)	0.634 (0.463)	0.632 (0.466)	0.523 (0.472)	0.531 (0.471)	0.612 (0.463)	0.602 (0.463)
itang	1.554 (1.566)	1.554 (1.566)	1.522 (2.237)	1.811 (1.564)	1.621 (2.230)	1.616 (2.229)	1.481 (2.245)	1.617 (2.241)
cflow	0.418 (0.990)	0.423 (0.990)	0.524 (0.797)	0.419 (0.988)	0.354 (0.799)	0.308 (0.798)	0.489 (0.798)	0.446 (0.796)
size	209.100 *** (7.376)	209.121 *** (7.377)	207.373 *** (15.046)	207.131 *** (7.365)	208.048 *** (15.121)	208.165 *** (15.111)	207.402 *** (15.069)	207.057 *** (15.010)
age	-7.627 *** (1.294)	-7.625 *** (1.294)	-7.542 *** (1.686)	-7.554 *** (1.288)	-7.729 *** (1.682)	-7.558 *** (1.671)	-7.521 *** (1.685)	-7.353 *** (1.681)
state	-3.996 (24.367)	-3.886 (24.374)	-1.645 (14.58)	1.376 (24.30)	-1.247 (14.58)	-0.974 (14.60)	-0.716 (14.56)	1.115 (14.63)
Lev	-0.172 (0.394)	-0.173 (0.395)	-0.102 (0.319)	-0.070 (0.394)	-0.163 (0.316)	-0.180 (0.315)	-0.110 (0.318)	-0.088 (0.319)
dual	29.585 ** (14.81)	29.487 ** (14.81)	28.455 ** (13.66)	28.801 * (14.76)	29.022 ** (13.59)	30.270 ** (13.66)	27.475 ** (13.66)	27.057 ** (13.61)
board	3.784 (4.180)	3.771 (5.676)	4.647 (4.181)	5.046 (4.175)	3.671 (5.581)	3.543 (5.574)	4.439 (5.662)	4.886 (5.668)
Msalary	0.000 ** (0.000)	0.000 ** (0.000)	0.000 (0.000)	0.000 ** (0.000)	0.000 (0.000)	0.000 (0.000)	0.000 (0.000)	0.000 (0.000)
_cons	-4464 ***	-4465 ***	-4431 ***	-4427 ***	-4438 ***	-4443 ***	-4428 ***	-4431 ***
行业固定	Yes	Yes	Yes	Yes	Yes	Yes	Yes	Yes
年份固定	Yes	Yes	Yes	Yes	Yes	Yes	Yes	Yes

	（1）	（2）	（3）	（4）	（5）	（6）	（7）	（8）
N	3967	3967	3967	3967	3967	3967	3967	3967
U 型关系检验								
U 型顶点	——		364.121		137.515		204.983	
取值范围	——		[241.648:874.804]		[37.569;305.279]		[153.547;492.426]	
R^2	0.368	0.368	0.371	0.372	0.368	0.369	0.370	0.372

注：括号内为 t 值，*、**、*** 分别表示在 0.10、0.05 以及 0.01 的水平上显著。

2. 调节效应检验

（1）行业数字能力的调节效应

在假设 2a 中，数字技术嵌入能力与国际化绩效之间的关系会受到行业数字能力的影响（见表5-6）。在模型 9 中，回归结果显示数字技术嵌入能力的一次项系数（β=2.765，p<0.05）和数字技术嵌入能力与行业数字能力的交互项系数（β=-0.024，p<0.05）均显著，且符号相反。该回归结果支持了假设 2a。即当行业数字能力越高时，数字技术嵌入能力与企业国际化之间的正向关系将减弱。

表5-6 行业数字能力的调节作用

	（9）	（10）	（11）	（12）
tech	2.765**			
	（2.5025）			
H2a:tech×mean	-0.024**			
	（-2.3608）			
manage		1.556***		
		（3.5124）		
manage×mean		-0.008***		

续表

	（9）	（10）	（11）	（12）
		（−3.1591）		
H2b:manage^2		−0.001***		
		（−2.8439）		
H2b:manage^2×mean		0.003		
		（0.4751）		
model			1.673***	
			（2.6387）	
model×mean			−0.010**	
			（−2.1424）	
H2c:model^2			−0.004**	
			（−2.5518）	
H2c:model^2×mean			0.010	
			（1.2998）	
whole				1.300***
				（2.6076）
whole×mean				−0.004*
				（−1.6673）
whole^2				−0.002
				（−1.3137）
whole^2×mean				0.000
				（.）
mean	−0.364	−0.168	−0.248	−0.188
	（−0.7824）	（−0.3054）	（−0.4619）	（−0.3366）
shrcr	0.557	0.650	0.540	0.615
	（1.1654）	（1.4047）	（1.1433）	（1.3302）

	（9）	（10）	（11）	（12）
itang	1.574	1.808	1.561	1.598
	（0.7034）	（0.8085）	（0.6974）	（0.7120）
cflow	0.443	0.488	0.359	0.496
	（0.5543）	（0.6149）	（0.4507）	（0.6256）
size	209.254***	207.408***	208.021***	207.323***
	（13.8620）	（13.8206）	（13.7853）	（13.8150）
age	−7.555***	−7.351***	−7.452***	−7.250***
	（−4.4519）	（−4.3752）	（−4.4680）	（−4.3252）
state	−2.710	0.187	−2.079	1.611
	（−0.1850）	（0.0128）	（−0.1419）	（0.1102）
Lev	−0.164	−0.084	−0.201	−0.106
	（−0.5269）	（−0.2625）	（−0.6398）	（−0.3321）
dual	29.183**	30.056**	30.308**	27.870**
	（2.1520）	（2.1991）	（2.2186）	（2.0555）
board	3.811	5.303	4.069	5.059
	（0.6803）	（0.9287）	（0.7222）	（0.8904）
Msalary	0.081	0.073	0.077	0.071
	（0.8561）	（0.7962）	（0.8374）	（0.7732）
_cons	−4472.616***	−4439.380***	−4452.447***	−4441.391***
	（−14.319）	（−14.318）	（−14.221）	（−14.286）
行业固定	Yes	Yes	Yes	Yes
年份固定	Yes	Yes	Yes	Yes
N	3967	3967	3967	3967
R²	0.369	0.373	0.370	0.372

注：括号内为 t 值，*、**、*** 分别表示在 0.1、0.05 以及 0.01 的水平上显著。

针对非线性关系的调节效应的检验我们借鉴 Haans 等（2016）的研究，主要观测自变量的二次项系数 β_2 和自变量与调节变量交互项的系数 β_5 是否显著，并根据 β_2 与 β_5 的符号判断调节效应的调节方向。模型（10）中的回归结果显示，企业动态组织管理能力二次项系数（β_2=-0.001，p<0.001）显著，但是动态组织管理能力二次项系数与行业数字能力水平的交互项系数（β_5=0.003，p>0.1）却不显著，这意味着假设 2b 不成立。同样地，在模型（11）中，企业商业模式迭代能力二次项系数（β_2=-0.004，p<0.05）显著，但是商业模式迭代能力二次项系数与行业数字能力水平的交互项系数（β_5=0.012，p>0.1）却不显著，这也显著否定了假设 2c。这可能是因为，目前企业的数字化战略越来越注重对企业价值链和其生态圈的改造，这使得行业数字能力水平的影响减弱。相反，区域数字化水平对企业产生的影响更大。

（2）金融化水平的调节作用

在假设 3a 中，数字技术嵌入能力与国际化绩效之间的关系会受到企业金融化水平的影响（表 5-7）。在模型（13）中，回归结果显示数字技术嵌入能力的一次项系数（β=2.393，p<0.05）和数字技术嵌入能力与行业数字化交互项系数（β=-3.415，p<0.001）均显著，且符号相反。该回归结果反向支持假设 3a，即当企业金融化水平越高时，单个企业的数字技术嵌入能力与企业国际化之间的正向关系将变弱。模型（14）中的回归结果显示，企业动态组织管理能力二次项系数（β_2=-0.002，p<0.05）显著，但是动态组织管理能力二次项系数与行业数字化水平的交互项系数（β_5=0.002，p>0.1）不显著。这不支持企业的金融化水平使得动态组织管理能力与企业国际化之间的倒 U 型关系更加陡峭这一假设，假设 3b 不通过。同样地，在模型（15）中，企业商业模式迭代能力二次项系数（β_2=-0.005，p<0.001）显著，但是商业模式迭代能力的二次项系数与行业数字化水平的交互项系数（β_5=0.008，p>0.1）不显著。这意味着在这个模型中，企业金融化未能在企业商业模式迭代能力与国际化之间的关系发挥明显的作用，假设 3c 不通过。这可能是因为商业模式是一种无形且收益周期较长的企业战略。由于企业对商业模式迭代带来的收益存在不确定性，为了弥补在商业模式上的投入与回报之间的不匹配，企业可能会更倾向于进行金融化的投机活动。这使得金融化的负面效应增强，反而使得企业金融化所带来的正面促进影响并不明显。

表5-7 金融化的调节作用

	（13）	（14）	（15）	（16）
tech	2.393**			
	（2.408）			
H3a:tech×fin	-3.415***			
	（-2.626）			
manage		1.415***		
		（3.305）		
manage×fin		-1.963***		
		（-2.905）		
H3b:manage^2		-0.002***		
		（-3.237）		
H3b:manage^2×fin		0.002		
		（0.689）		
model			1.328**	
			（2.260）	
model×fin			-2.672***	
			（-2.667）	
H3c:model^2			-0.005***	
			（-3.149）	
H3c:model^2×fin			0.008	
			（1.101）	
whole				1.443***
				（3.067）
whole×fin				-2.010***

	（13）	（14）	（15）	（16）
				（-2.900）
whole^2				-0.003**
				（-2.263）
whole^2×fin				0.005**
				（1.990）
fin	163.650***	184.141***	174.966***	198.473***
	（7.915）	（7.722）	（7.512）	（7.348）
Shrcr	0.628	0.728	0.601	0.688
	（1.321）	（1.584）	（1.286）	（1.496）
itang	2.060	2.312	2.110	2.148
	（0.916）	（1.030）	（0.939）	（0.951）
cflow	0.700	0.737	0.597	0.774
	（0.869）	（0.922）	（0.742）	（0.962）
size	218.249***	216.105***	216.978***	216.083***
	（13.783）	（13.746）	（13.721）	（13.747）
age	-9.255***	-9.237***	-9.171***	-9.070***
	（-5.079）	（-5.087）	（-5.098）	（-5.000）
state	-6.531	-6.034	-2.889	-2.174
	（-0.447）	（-0.414）	（-0.198）	（-0.149）
Lev	-0.016	0.077	-0.042	0.055
	（-0.051）	（0.242）	（-0.133）	（0.173）
dual	27.460**	26.473*	27.630**	24.612*
	（2.047）	（1.959）	（2.045）	（1.831）
board	3.900	5.486	3.696	5.225

	（13）	（14）	（15）	（16）
	（0.701）	（0.963）	（0.666）	（0.924）
Msalary	0.000	0.000	0.000	0.000
	（0.878）	（0.823）	（0.878）	（0.779）
_cons	-4631.767***	-4597.682***	-4611.125***	-4605.266***
	（-14.156）	（-14.144）	（-14.071）	（-14.113）
行业固定	Yes	Yes	Yes	Yes
年份固定	Yes	Yes	Yes	Yes
N	3967.000	3967.000	3967.000	3967.000
R^2	0.374	0.378	0.375	0.377

注：括号内为 t 值，*、**、*** 分别表示在 0.1、0.05 以及 0.01 的水平上显著。

第三节 稳健性检验

考虑到模型容易产生反向因果以及遗漏变量的问题，我们主要通过以下手段进行稳健性检验。

一、解释变量滞后一期

为了在一定程度上克服变量之间可能存在的反向因果干扰，解释变量进行滞后 1 期处理（见表 5-8），其余变量设定同前文所述一致。研究结果显示，主效应的回归结果与前文基本一致。其中，企业的数字技术嵌入能力的系数（$\beta=3.787$，$p<0.1$）显著为正，平方项仍然不显著。动态组织管理能力的一次项（$\beta=3.209$，$p<0.001$）和平方项（$\beta=-0.006$，$p<0.001$）均显著，且平方项的系数为负；商业模式迭代能力的一次项（$\beta=2.639$，$p<0.001$）和平方项

（β=-0.009，p<0.001）均显著，且平方项的系数为负。这与原先的回归结果基本相同，证明不存在反向因果的干扰。

表5-8 主效应滞后一期结果

	（1）	（2）	（3）	（4）	（5）	（6）	（7）	（8）
L.tech	3.787*	3.686*						
	（1.828）	（1.689）						
L.tech^2		0.000						
		（0.148）						
L.manage			1.548***	3.209***				
			（2.816）	（5.470）				
L.manage^2				-0.006***				
				（-3.528）				
L.model					1.485**	2.639***		
					（2.477）	（3.161）		
L.model^2						-0.009***		
						（-3.37）		
L.whole							0.888***	2.996***
							（2.914）	（3.067）
L.whole^2								-0.008***
								（-2.929）
L.Shrcr	0.776	0.775	0.748	0.772	0.712	0.737	0.757	0.676
	（1.038）	（1.036）	（1.082）	（1.044）	（1.021）	（1.058）	（1.093）	（0.971）
L.itang	-3.644	-3.644	-4.311	-3.529	-3.851	-3.835	-4.351	-3.925
	（-1.321）	（-1.321）	（-1.550）	（-1.285）	（-1.421）	（-1.418）	（-1.561）	（-1.441）
L.cflow	0.707	0.716	1.185	1.424	0.622	0.565	0.989	1.222
	（0.434）	（0.439）	（0.929）	（0.879）	（0.490）	（0.444）	（0.779）	（0.942）

	（1）	（2）	（3）	（4）	（5）	（6）	（7）	（8）
L.size	211.182 **	211.196 ***	206.906 ***	205.838 ***	208.372 ***	208.279 ***	206.794 ***	206.058 ***
	(17.886)	(17.881)	(11.768)	(17.529)	(11.593)	(11.600)	(11.705)	(11.772)
L.age	-8.437 ***	-8.434 ***	-7.865 ***	-7.923 ***	-8.653 ***	-8.587 ***	-7.937 ***	-7.917 ***
	(-3.809)	(-3.806)	(-3.179)	(-3.611)	(-3.540)	(-3.516)	(-3.202)	(-3.191)
state	-19.018	-18.870	-11.338	-10.593	-16.384	-17.666	-13.336	-12.598
L.Lev	1.140*	1.142*	1.314**	1.346**	1.202**	1.187**	1.310**	1.319**
	(1.756)	(1.758)	(2.438)	(2.088)	(2.322)	(2.295)	(2.447)	(2.451)
L.dual	5.916	5.792	7.584	6.856	4.029	5.746	5.664	8.086
	(0.230)	(0.225)	(0.346)	(0.269)	(0.184)	(0.26209)	(0.259)	(0.370)
L.board	18.171 ***	18.172 ***	21.322*	21.042 ***	18.825*	18.885*	20.673*	21.249*
	(2.676)	(2.675)	(1.824)	(3.109)	(1.654)	(1.660)	(1.781)	(1.839)
L.Msalary	0.019	0.020	0.009	-0.003	0.017	0.015	0.011	-0.008
	(0.301)	(0.306)	(0.108)	(-0.049)	(0.197)	(0.177)	(0.13339)	(-0.099)
_cons	-4616 ***	-4616. ***	-4571 ***	-4557 ***	-4568 ***	-4575 ***	-4566 ***	-4581 ***
	(-17.523)	(-17.518)	(-11.732)	(-17.458)	(-11.533)	(-11.519)	(-11.676)	(-11.679)
行业固定	Yes	Yes	Yes	Yes	Yes	Yes	Yes	Yes
年份固定	Yes	Yes	Yes	Yes	Yes	Yes	Yes	Yes
N	1481.000	1481.000	1481.000	1481.000	1481.000	1481.000	1481.000	1481.000
R^2	0.453	0.453	0.458	0.463	0.453	0.454	0.457	0.462

注：括号内为 t 值，*、**、*** 分别表示在 0.1、0.05 以及 0.01 的水平上显著。

二、增加部分控制变量

同时，为了避免有遗漏变量对研究结果产生影响，我们增加了环境不确定性（EU）与企业的托宾 Q 值两个控制变量（表 5-9）。其中，企业数字技术嵌入能力的系数（$\beta=2.545$，$p<0.1$）显著为正，平方项仍然不显著。动态组织管理能力的一次项（$\beta=1.969$，$p<0.001$）和平方项（$\beta=-0.003$，$p<0.001$）均显著，且平方项系数为负；商业模式迭代能力的一次项（$\beta=1.510$，$p<0.001$）和平方项（$\beta=-0.004$，$p<0.001$）均显著，且平方项的系数为负。这与原先的回归结果基本相同，证明不存在遗漏变量影响。

表5-9 增加部分控制变量

	（1）	（2）	（3）	（4）	（5）	（6）	（7）	（8）
tech	2.545*	2.489						
	(1.655)	(1.543)						
$tech^2$		0.000						
		(0.116)						
manage			1.257 **	1.969 ***				
			(2.588)	(5.381)				
$manage^2$				-0.003 ***				
				(-2.724)				
model					0.897	1.510**		
					(1.332)	(2.036)		
$model^2$						-0.004 ***		
whole							0.673 **	1.581 ***
							(2.373)	(2.581)
$whole^2$								-0.003
								(0.002)
Shrcr	0.227	0.228	0.306	0.312	0.189	0.190	0.279	0.246
	(0.382)	(0.382)	(0.535)	(0.527)	(0.322)	(0.323)	(0.486)	(0.427)
itang	-3.715*	-3.714*	-3.841*	-3.443*	-3.764*	-3.757*	-3.922*	-3.734*
	(-1.773)	(-1.771)	(-1.838)	(-1.648)	(-1.807)	(-1.803)	(-1.865)	(-1.775)
cflow	0.043	0.044	0.349	0.322	-0.006	-0.029	0.256	0.316

续表

	（1）	（2）	（3）	（4）	（5）	（6）	（7）	（8）
	（0.033）	（0.034）	（0.378）	（0.252）	（-0.006）	（-0.031）	（0.277）	（0.341）
size	221.688***	221.704***	217.495***	216.608***	219.653***	219.432***	217.524***	216.626**
	（23.246）	（23.241）	（12.312）	（22.724）	（12.342）	（12.365）	（12.288）	（12.39）
age	-8.592***	-8.587***	-8.047***	-8.027***	-8.634*	-8.477***	-8.098***	-7.974***
	（-5.147）	（-5.142）	（-4.483）	（-4.834）	（-4.894）	（-4.822）	（-4.511）	（-4.433）
state	-23.726	-23.633	-18.097	-17.422	-19.293	-19.528	-18.610	-18.310
	（-0.608）	（-0.605）	（-0.754）	（-0.449）	（-0.800）	（-0.806）	（-0.775）	（-0.754）
Lev	0.811	0.811	0.924**	0.946*	0.829**	0.809**	0.915**	0.922**
	（1.582）	（1.581）	（2.294）	（1.855）	（2.110）	（2.059）	（2.273）	（2.293）
dual	1.287	1.252	-1.565	-1.282	-0.745	1.031	-2.399	-2.456
	（0.065）	（0.063）	（-0.094）	（-0.065）	（-0.044）	（0.061）	（-0.143）	（-0.146）
board	8.899*	8.889*	10.127	10.250**	8.838	8.762	9.907	10.280
	（1.713）	（1.710）	（1.430）	（1.982）	（1.274）	（1.263）	（1.399）	（1.457）
Msalary	0.022	0.022	0.016	0.015	0.023	0.023	0.018	0.014
	（0.521）	（0.524）	（0.227）	（0.342）	（0.300）	（0.303）	（0.247）	（0.183）
EU	-20.541	-20.525	-24.509**	-26.131	-23.139**	-24.365**	-25.204**	-26.726**
	（-0.529）	（-0.528）	（-2.141）	（-0.676）	（-1.973）	（-2.062）	（-2.171）	（-2.284）
tobin	-5.774	-5.830	-7.529	-7.448	-6.386	-5.786	-7.115	-6.498
	（-0.900）	（-0.906）	（-0.928）	（-1.166）	（-0.802）	（-0.726）	（-0.884）	（-0.806）
_cons	36445	36411	44504*	47785	41713*	44178*	45902**	48965**
	（0.465）	（0.465）	（1.947）	（0.614）	（1.775）	（1.866）	（1.974）	（2.089）
行业固定	Yes	Yes	Yes	Yes	Yes	Yes	Yes	Yes
年份固定	Yes	Yes	Yes	Yes	Yes	Yes	Yes	Yes
N	2500	2500	2500	2500	2500	2500	2500	2500
R^2	0.408	0.408	0.413	0.414	0.408	0.409	0.411	0.412

注：括号内为 t 值，*、**、*** 分别表示在 0.1、0.05 以及 0.01 的水平上显著。

三、剔除部分样本

考虑到金融危机会对企业国际化和数字化战略造成一定的影响，我们借鉴前人的研究，剔除国际金融危机的影响，同时考虑到危机的后效性特征，删除了 2009 年和 2010 年的企业样本。研究结果显示，数字能力的三个子维度的回归系数与显著性均有提高。其中，企业的数字技术嵌入能力的回归系数和显著性由 β=2.218，p<0.1 变为 β=4.879，p<0.001，动态组织管理能力的一次项回归系数由 1.444 变为 3.018，二次项系数由 -0.002 变为 -0.005；商业模式更迭能力的一次项回归系数由 1.407 变为 2.344，二次项系数由 -0.005 变为 -0.008。这意味着金融危机确实对二者之间的关系产生了影响，但是整体仍然显著。

表5-10 剔除金融危机影响

	（1）	（2）	（3）	（4）	（5）	（6）	（7）	（8）
tech	4.879 ***	4.946 ***						
	（4.174）	（3.910）						
tech^2		-0.000						
		（-0.641）						
manage			1.822 ***	3.018 ***				
			（5.010）	（5.756）				
manage^2				-0.005 ***				
				（-4.505）				
model					1.256 ***	2.344 ***		
					（2.648）	（3.926）		
model^2						-0.008 ***		
						（-3.577）		
whole							0.980 ***	3.917 ***

续表

	（1）	（2）	（3）	（4）	（5）	（6）	（7）	（8）
							(4.723)	(6.347)
whole^2								-0.011 ***
Shrcr	0.852**	0.852**	0.919**	0.894**	0.771*	0.778*	0.901**	0.821**
	(2.060)	(2.059)	(2.260)	(2.199)	(1.889)	(1.907)	(2.221)	(2.019)
itang	0.738	0.738	0.412	0.912	0.726	0.718	0.328	0.551
	(0.343)	(0.342)	(0.189)	(0.419)	(0.335)	(0.331)	(0.150)	(0.250)
cflow	2.134**	2.130**	2.537***	2.364**	2.099**	2.039**	2.418**	2.358**
	(2.276)	(2.271)	(2.682)	(2.516)	(2.241)	(2.181)	(2.562)	(2.503)
size	248.159 ***	248.156 ***	241.922 ***	240.725 ***	244.802 ***	245.122 ***	242.230 ***	241.125 ***
	(16.882)	(16.880)	(16.752)	(16.770)	(16.691)	(16.715)	(16.696)	(16.836)
age	-6.214 ***	-6.214 ***	-6.090 ***	-6.169 ***	-6.402 ***	-6.206 ***	-5.994 ***	-5.708 ***
	(-3.796)	(-3.796)	(-3.722)	(-3.775)	(-3.938)	(-3.833)	(-3.657)	(-3.477)
state	-18.869	-18.943	-14.547	-13.964	-14.231	-13.927	-13.148	-8.407
	(-1.214)	(-1.218)	(-0.941)	(-0.902)	(-0.917)	(-0.894)	(-0.851)	(-0.531)
Lev	1.377***	1.376***	1.564***	1.648***	1.442***	1.424***	1.553***	1.617***
	(3.700)	(3.699)	(4.002)	(4.162)	(3.749)	(3.717)	(3.974)	(4.112)
dual	15.892	15.954	14.436	14.188	15.540	16.558	12.310	8.387
	(1.206)	(1.210)	(1.079)	(1.059)	(1.172)	(1.246)	(0.920)	(0.624)
board	2.147	2.157	3.731	4.514	1.957	1.810	3.393	4.917
	(0.389)	(0.391)	(0.677)	(0.821)	(0.356)	(0.329)	(0.614)	(0.902)
Msalary	-0.023	-0.023	-0.027	-0.029	-0.022	-0.022	0.028	-0.041
	(-0.274)	(-0.276)	(-0.338)	(-0.361)	(-0.270)	(-0.276)	(-0.350)	(-0.510)
_cons	-5329***	-5329***	-5204***	-5179***	-5254***	-5264***	-5206***	-5210***
	(-17.327)	(-17.325)	(-17.252)	(-17.258)	(-17.120)	(-17.132)	(-17.172)	(-17.253)
行业固定	Yes	Yes	Yes	Yes	Yes	Yes	Yes	Yes

续表

	（1）	（2）	（3）	（4）	（5）	（6）	（7）	（8）
年份固定	Yes	Yes	Yes	Yes	Yes	Yes	Yes	Yes
N	4749	4749	4749	4749	4749	4749	4749	4749
R^2	0.339	0.339	0.345	0.348	0.338	0.339	0.342	0.351

注：括号内为 t 值，*、**、*** 分别表示在 0.1、0.05 以及 0.01 的水平上显著。

第四节 本章小结

本章详细介绍了本研究涉及的自变量、因变量、调节变量与控制变量的样本选择、数据来源、指标选择与测量方式，并利用 Stata16 进行了描述性统计、相关性分析、回归分析与稳健性检验，进一步地通过严谨的统计方法再次考查了各个变量之间的因果关系，为后文的研究结论、研究贡献等部分提供了实证支持。

第六章 研究结果与讨论

第一节 研究假设支持情况

基于我们的研究背景和研究问题，我们共提出三个总研究假设，涉及九个细分假设。其中，有四个细分假设获得支持，一个假设获反向支持，四个假设未获支持。具体情况如表 6-1 所示。

表6-1 本研究所有假设支持情况汇总

序号	假设内容	检验结果
假设1a	数字技术嵌入能力对企业的国际化绩效有正向影响	支持
假设1b	动态组织管理能力与企业的国际化绩效呈倒U型关系	支持
假设1c	商业模式迭代能力与企业的国际化绩效呈倒U型关系	支持
假设2a	行业数字能力越高，焦点企业数字技术嵌入能力对国际化绩效的正向影响越弱	支持
假设2b	行业数字能力越高，焦点企业动态组织管理能力与国际化绩效之间的倒U型关系越陡峭	不支持
假设2c	行业数字能力越高，焦点企业商业模式迭代能力与国际化绩效之间的倒U型关系越陡峭	不支持
假设3a	金融化水平越高，企业数字技术嵌入能力对国际化绩效的正向影响越强。	反向支持
假设3b	金融化水平越高，企业动态组织管理能力与国际化绩效之间的倒U型关系越陡峭	不支持
假设3c	金融化水平越高，企业商业模式迭代能力与国际化绩效之间的倒U型关系越陡峭	不支持

第二节 研究结果与结论

本研究在动态能力理论指导下重新划分了企业数字能力的细分维度，并通过实证分析探讨了企业数字能力三个维度对国际化绩效产生的差异化影响。同时，检验了行业数字能力与企业金融化对二者关系的调节效应。

一、企业数字能力与国际化绩效的关系讨论

本讨论主要回答了本书所提出的第二个研究问题：企业数字能力对国际化绩效的影响。假设 1a、假设 1b 和假设 1c 分别描述了数字能力三个维度对国际化绩效的影响机制。我们认为企业数字能力的三个维度是具有差异化特征的，这意味着三个维度的数字能力对企业国际化绩效的影响机制并不相同。其中，企业数字技术嵌入能力与企业国际化绩效呈正相关关系；动态组织管理能力和商业模式迭代能力对企业国际化绩效的影响则是呈倒 U 型的关系。先前的研究中，管理和组织方面的研究越来越多地使用资源基础观的理论框架来研究数字化与国际化之间的关系（Cassetta, Monarca, and Dileo, 2020）。然而，资源基础观静态更加重视企业内部资源和能力的理念并不适用于动态的数字化环境。因此，我们主要基于动态能力理论来解释数字能力与国际化绩效之间的关系。具体研究结论如下。

第一，企业数字技术嵌入能力与国际化绩效的关系讨论。大多数以前的文献都认为只要在组织实践过程中嵌入或者在公司内部与其他复杂独特的资源一起实施，数字化的技术优势就可以被利用。然而，目前无论是学术界还是实业界对技术的价值都产生了很大的误解。自 20 世纪 90 年代数字化发展到今天，越来越多的声音提出"It doesn't matter（技术无关紧要）"。Mikalef 和 Pateli（2017）也持有类似的观点，他们认为数字技术与企业绩效之间并没有直接的正相关关系。Cassetta（2020）也认为只有当电子商务技术嵌入流程和组织创新中，并对数字技术进行投资，电子商务技术才会对国际化产生积极影

响。这间接地支持了这样一种观点：数字技术是企业的标准配置，数字技术嵌入能力的缺失会导致企业国际化绩效的下降。这主要是因为先前的学者以一种静态的观点来看待数字化技术。事实上，在激烈的国际竞争中，当企业的数字技术嵌入能力达到一定水平时，焦点企业的技术能力停滞不前，而竞争对手则不断提升其数字技术嵌入能力，最终达到与焦点企业的数字技术嵌入能力持平时，焦点企业的数字技术嵌入能力对国际化绩效的促进作用将变得不再那么重要。因此，这激励着企业不断进行数字化的技术革新。

在本书中，我们认为数字技术嵌入能力提升会显著促进国际化绩效的提升。这是因为在国际化情境中，企业需要在全球市场中进行竞争，这对企业数字化技术嵌入能力提出了更高的要求，企业只有不断进行技术创新，并保持持续的数字技术优势才能够有效地促进企业国际化绩效的提高。而企业技术嵌入能力对企业国际化绩效的影响主要体现在：从感知机会和威胁的角度来说，数字技术嵌入能力中物联网、人工智能等技术提高了企业感知国际市场机会的能力，同时也提高了企业进入新的国际市场的动机，提升了企业的国际化绩效；从抓住国际市场机会的角度来说，数字技术嵌入能力有利于提高企业的产品生产、产品创新、消费体验以及生产效率，从而提升企业的国际化绩效。这主要是因为数字化的生产方式提高了企业生产效率，实现了人与科技的互动等。这都在一定程度上促进了企业国际化绩效的提升。从资源和能力的重新配置角度来说，数字技术嵌入能力有利于企业国际知识资源的获取、成本的降低以及全球价值链地位的提升，从而促进企业国际化绩效的提升。这主要是因为数字化技术帮助企业进行远距离服务与提高客户忠诚度，还能够利用数字化技术降低信息不对称、提高价值链中信息的集散效率等，这都在一定程度上促进了企业的国际化绩效。

第二，动态组织管理能力 / 商业模式迭代能力与企业国际化绩效之间的关系讨论。事实上，先前的研究过多关注企业数字技术与商业模式中的平台能力对企业国际化的影响。例如，Samiee 在 1998 年就开始关注互联网对出口带来的影响，他认为互联网在提高效率和提供客户信息以及服务支持方面具有相对优势，这有利于帮助企业增加出口收入。但是，在先前的研究中，学者们大都从单一的研究视角进行分析。例如，Jean 和 Kim（2020）基于能力视角验证了平台能力与中小企业的出口绩效呈正相关。潘宏亮（2021）从数字技术的角度探索了数字技术应用驱动国际新创企业、国际化绩效提升的影响机制。然而，先前的研究既忽视了对企业数字化管理方面内容的讨论，也忽视了对商业模式的另外一种重要表现形式，即服务化模式的探索。更重要的是，先前的研究仅从短期绩效进行了研究。Hajli 等（2015）研究发现，只有部分企业能从数字化转型中获得较高的绩效。这可能是因为数字能力的长期和短期影响机制对国际化绩效的影响方向不同。同时，动态能力反映了一个组织在路径依赖陷阱下实现新竞争优势的能力。因此，动态能力理论指出，企业容易受到"路径依赖"的困扰，尤其是当企业从先前的行为或者战略中受益时，更难摆脱"路径依赖"陷阱。

在本书中，我们认为企业动态组织管理能力首先会促进国际化绩效的提升。主要原因是：从感知机会和威胁的角度来说，动态组织管理能力可以提升企业的决策效率以及组织灵活性（Denicolai，2021），进而促进企业国际化绩效的提升；从资源和能力重新配置方面来说，动态组织管理能力有利于企业对国外市场信息的接收与理解（沈国兵、袁征宇，2020），从而促进企业国际化绩效的提升。但是，随着动态管理能力的提升，企业此时的国际化收益将呈现边际收益递减的状态。这是因为随着企业国际范围的扩张和市场渗透程度的加深，给企业带来严重的管理成本压力以及管理难度，例如人员招聘以及培训费用提升、处理文化差异带来冲突管理费用等（罗进辉、黄泽悦、朱军，2017）。从企业国际化绩效方面来看，收益的增加小于成本的增加造成了其国际化绩效的下降。

同样地，对企业商业模式迭代能力来说，我们认为企业商业模式迭代能力在发展初期也会促进国际化绩效的提升。主要原因是：从抓住市场机会方面来说，商业模式迭代能力有利于提高企业的产品创新能力并改善交易，从而提升企业的国际化绩效。由于数字时代的商业模式是面向用户需求的（张宝建等，2021），商业模式迭代能力可以采用以"用户为中心"的创新和"用户驱动"的创新两种方式实现产品创新和交易改善，从而提升企业的国际化绩效。从资源和能力的重新配置方面来说，商业模式迭代能力有利于企业全球价值链地位的提升，从而提升企业的国际化绩效。这是因为商业模式重新定义了企业的产品开发、物流、营销、售后等功能，帮助企业从全球市场挖掘和服务用户，并获得垄断地位，从而有助于企业国际化绩效的提升。但是，数字化时代的商业模式更迭面临着更加严重的"路径依赖"威胁，主要体现在客户需求偏好和商业模式更迭困难两个方面。同时，由于语言、文化等的差异化存在，国家地理边界的不连续性往往会限制人们之间的交流和互动。这使得企业服务的国际市场范围越扩大，其与商业模式配套的相关基础设施（例如，物流配送、售后服务站等）也就越来越多。这些活动进一步加大了企业的资金压力。因此，我们认为随着商业模式更迭能力的提升，企业国际化绩效反而开始下降。

该问题的研究结果回答了现实问题中"数字化悖论"的问题，即并不是所有企业都可以从数字化战略中获取积极的企业绩效。具体而言，一方面是因为不同数字能力维度对企业国际化绩效会产生不同的影响，因此，不同学者从不同的研究视角也会得出不同的结论；另一方面是因为数字能力的长期和短期影响机制并不相同。综上，由于数字技术嵌入能力成为企业的基本配置，因此在激烈的国际竞争中，出现了数字技术嵌入能力越高，国际化绩效越好的状态。受限于"路径依赖"的原因，企业的动态组织管理能力与商业模式迭代能力会对企业的国际化绩效产生先上升后下降的影响。

二、企业数字能力与国际化绩效关系之间的边界条件讨论

该研究主题是对本研究的第三个研究问题的回应。企业数字能力与国际化绩效之间的关系较为复杂，会受到其他调节变量的影响。先前关于数字化与国际化之间可能的调节变量的讨论主要是从企业异质性和国家经济发展水平等方面进行的探讨（Clarke and Wallsten，2006）。例如，企业异质性会对数字资源的使用程度和使用效果产生不同的影响（Bharadwaj，2000）。这是因为数字化技术和资源之间的分布呈现异质性，即在不同的企业之间，数字技术和资源使用和有效性会产生差异。我们根据动态能力视角，主要探讨了两个边界条件的影响：行业数字能力和企业金融化水平。

1. 行业数字能力的调节作用

第一，行业数字能力会对企业数字能力与企业国际化之间的关系起到调节作用。研究结果表明，行业数字能力会对企业的数字技术嵌入能力与企业国际化绩效之间的关系产生调节作用。具体调节作用是将降低数字技术嵌入能力对国际化绩效的正向影响。这也就意味着当行业整体数字能力提升时，企业数字技术嵌入能力将成为常态化的基本配置，对企业国际竞争力的提升有限，反映在企业国际化绩效方面就呈现出提升动力不足的状态。然而，行业数字能力对企业动态组织管理能力/商业模式迭代能力与国际化绩效之间的调节作用则并未显现。这可能是因为，目前的企业数字化转型更多的是建立一种生态圈、价值链圈，也即一种跨行业包围圈的状态（江积海、唐倩、王烽权，2022），而不同于技术的可重编程性、数据的同质化以及自我参照的性质，技术无论是在跨行业，还是跨生态圈状态下都可以迅速复制。因此，行业数字能力可以对数字技术嵌入能力与国际化方面产生调节作用，但动态组织管理能力与商业模式迭代能力则更能在跨组织边界、跨地区、跨行业边界下变得更有意义。这与李坤望等人（2015）在研究信息化对企业出口绩效的影响中提到的，拥有高水平信息基础设施的地区更能促进企业出口绩效这个研究结果一致。因此，行业数字能力对动态组织管理能力/商业模式迭代能力与企业国际化绩效之间关系的调节作用并未显现。

该问题回答了企业是否应该紧跟"行业风口"这一问题，尤其是在数字技术方面，在行业数字能力较高的情况下，数字技术嵌入能力对企业的国际化绩效的影响力将会变弱。这要求企业持续地进行技术创新以获得技术方面的先发和持续的竞争优势。

综上，我们认为行业数字能力对焦点企业数字技术嵌入能力方面产生的影响不容小觑。当行业的数字能力较高时，由于技术易于复制的特征，技术溢出效应会使得行业内的其他企业也会部署相应的数字技术。这将弱化企业数字技术嵌入带来的优势，而行业数字能力并未对焦点企业动态组织管理能力与商业模式迭代能力两个维度下的影响机制产生影响，主要是因为这两个维度更容易受到区域以及企业所处的跨行业的生态圈的影响。

2. 企业金融化水平的调节作用

研究结果反向支持了企业金融化水平会对企业数字技术嵌入能力与国际化绩效之间的关系产生正向的调节作用这一结论。具体调节作用是弱化数字技术嵌入能力对国际化绩效的正向影响。这也就意味着当企业的金融化水平提升时，企业数字技术嵌入能力对国际化绩效的正向影响将降低。换句话说，企业金融化会发挥其"挤出效应"，给国际化战略以及数字技术嵌入能力和影响力带来更加严重的资金问题（Alam，2019）。这是因为一方面，目前企业金融化的数字特性仍然处于起步阶段，大部分的企业仍未充分利用金融化的数字特性，因此，金融化的数字特征所带来的正面影响尚未完全发挥出来；另一方面，企业的金融化收益周期一般较长且有亏损的风险（刘霞辉，2002）。而且，数字化技术所带来的收益在大部分情况下也需要一定的周期。因此，企业金融化弱化了数字技术嵌入能力对国际化绩效的正面影响。

但是，企业金融化却并未对企业动态组织管理能力以及商业模式迭代能力与企业国际化绩效之间的关系产生调节作用。这可能是因为，企业的动态组织管理能力以及商业模式迭代能力的提升虽然需要一定的资金支持，但是仍然在企业的可控范围之内。从动态组织管理能力方面来说，企业原先构建的管理基础仍然有用，只需要对内部人力、物力等相关资源进行内部调整，而不需要增加巨大的额外支出。因此，金融化并未对企业动态组织管理能力的影响力产生调节作用。从商业模式迭代能力来说，大企业有足够的资金支持自己建立平台、生态圈和价值链。而中小企业可以加入大企业所创造的生态圈和平台，也不需要大量的资金投入。在这种情况下，企业金融化将难以发挥其明显的调节作用。

该问题回答了现实经营中"企业资金短缺"的问题。金融化在企业数字化与国际化战略双重目标的加持下，目前仍然发挥的是"挤出效应"。这是因为当企业通过金融化手段获益时，决策者受到"路径依赖"的限制，会加大企业金融化投资。这个时候企业的国际化战略也提升到另外一个阶段，亟须金融化手段带来的收益缓解资金压力，然而，由于企业加大金融投资，"挤出"了原本应该支持企业国际化的部分投资。因此，继续提高企业金融化则其"挤出效应"更加强烈。但是，随着数字金融的出现，企业在以后的金融化探索中可以充分利用数字化金融带来的优势。一方面可降低金融化的"挤出效应"；一方面又能缓解企业的资金压力。

第三节 本书的管理启示

本研究也为从业者提供了重要的管理启示。具体来看有如下几个方面。

（1）从数字能力三个维度对国际化绩效所产生的差异化影响来看，企业家们在数字化战略中需要全景式地考虑三个方面的能力提升。①技术因素是目前企业需要关注的重要因素之一，"技术无关紧要"的观点只适用于那些静态的竞争环境之中。在数字化和国际化双重战略环境下，企业必须加大对技术的扶持力度，提升企业的技术识别、技术捕获以及技术转换能力。②企业需要对动态的组织能力和管理能力进行重视。主要是通过对管理认知、管理社会资本和管理人力资本方面做出努力来提升企业的竞争力。另外，企业也可以借助领导人或者数字化管理者来培养卓越的市场感知能力以及研究开发能力。③商业模式迭代能力是企业价值实现的重要环节。企业可以通过构建平台或者增强其服务化能力来实现其数字化战略和国际化战略。可以看出，数字能力三个维度的侧重点不同，给企业国际化绩效带来的影响也不尽相同。这要求企业正确区分三个维度之间的差异性，摒弃盲目"一刀切"式同等量级的投资方式。

（2）从企业动态组织管理能力与商业模式更迭能力对国际化绩效的倒 U型关系可以看出，数字能力并不总是带来正面的积极影响，还需要警惕"路径依赖"的陷阱。由于产品和服务市场的高度不确定性，企业需要通过数字化战略来满足不断变化的需求和匹配市场发展趋势，以保持高度动态的竞争力。但是，企业的数字化过程会出现疲软状态，这要求企业家们注意短期绩效提升而长期绩效下滑的情况。一方面企业需要警惕为提升数字能力而产生的成本压力；另一方面也要洞察企业国际化过程中数字能力的提升困境。这要求企业保持持续学习和动态更新的状态，为企业的价值发现和价值创造提供增量贡献。同时，实施数字化战略的组织需要做好不断驾驭动态数字化环境的准备。一旦发现了新的市场机会，企业就需要通过新的商业模式来开发和利用机会。

（3）本研究发现，行业数字能力负面影响企业数字技术嵌入能力与国际化绩效之间的关系。这说明行业数字能力是企业发展和战略制定不能不考虑的重要情境。由于行业的示范效应和规范效应会在很大程度上影响焦点企业数字能力的影响机制，因此企业在以后的数字化过程中，面对新技术的出现，需要及时进行捕获和转换。但是，由于行业数字能力并未对企业动态组织管理能力和商业模式更迭能力的影响机制产生调节作用，这意味着企业不仅仅需要关注行业数字化趋势，还要从整个生态圈（尤其是跨行业）的发展趋势来进行企业的战略决策，只有这样企业才能在激烈的国际竞争环境中脱颖而出。

（4）本研究发现企业金融化负向影响企业数字技术嵌入能力对国际化绩效之间的关系，这意味着企业金融化在本书的情景中更多是发挥"挤出效应"。这就要求企业领导人在面临资金压力时进行适当的金融化投资，一旦企业金融化资金挤占了原本应用于企业数字化和国际化的资金，会给企业带来不可估量的负面影响。同时，为了降低企业金融化的"挤出效应"，企业需要从金融化的数字特征来探索，努力发挥出金融化的"蓄水池"作用，为企业数字化以及国际化战略顺利实施提供充足的资金支持。例如，企业可以通过大数据分析，判断金融资产的涨跌情况，避免盲目投资带来的投资失败的风险，也可以利用数字金融的"去中介化功能"和"业务融合功能"等来降低企业的融资成本。

第四节 结论与展望

一、本书的研究结论

本研究主要是基于动态能力理论重新整合了数字能力的相关维度，并进一步解释了数字能力对企业国际化绩效的差异化影响机制。为了更加严谨地解释二者之间的影响机制，我们加入了行业数字能力与企业金融化两个调节变量。主要研究结论如下。

第一，数字能力是企业利用数字化技术，辅以企业管理能力和组织能力，实现商业模式持续更新和转换的一种能力集合。通过文献分析与案例研究法得出了企业数字能力包含三个方面：数字技术嵌入能力、动态组织管理能力和商业模式迭代能力，解决了先前学者对于此问题较为分散化的研究。由于企业数字化会影响整个公司及其经营方式，改变了组织的管理流程和业务逻辑，革新了其价值创造过程，因此，我们得出企业数字能力不仅仅包含数字化技术嵌入能力，也包含动态组织管理能力和商业模式迭代能力。这一概念界定是富有意义的，通过对数字能力维度的重新整合，不仅充分解释了企业数字化战略实施的重要手段，也对动态能力理论在数字化情境中的运用提供了新的解释机制。

第二，不同维度下的数字能力对企业国际化绩效的影响机制并不相同。其中，数字技术嵌入能力帮助企业发现、抓住和转化国际市场机会，从而能够正向影响企业国际化绩效。动态组织管理能力／商业模式迭代能力与国际化绩效之间的关系由于受到"路径依赖"以及困境增加等因素的干扰，对国际化绩效的影响呈现先升后降的影响机制。

第三，企业数字能力对国际化绩效的影响机制还受到行业数字能力的调节作用。我们得出行业数字能力越高，焦点企业数字技术嵌入能力对国际化绩效的正向影响越弱；行业数字能力并未对焦点企业动态组织管理能力／商业模式更迭能力与国际化绩效之间的关系产生影响；这是因为虽然我们支持了行业数字能力在数字技术嵌入能力与国际化绩效之间的负向影响。但是，目前企业越来越关注于跨行业生态圈的建立，对行业产生影响的关注仅体现在数字技术嵌入方面。

第四，企业数字能力对国际化绩效的影响机制还受到企业金融化的调节，但是，企业金融化仅对数字技术嵌入能力与国际化绩效之间的关系产生负面的调节作用。这是因为企业金融化目前主要发挥的是"挤出效应"。企业金融化并未对焦点企业动态组织管理能力／商业模式更迭能力与国际化绩效之间的倒 U 型关系产生影响。这主要是因为相对于动态组织管理能力而言，其内部结构变革与资源分配并不额外增加企业支出，而由于数字商业模式中网络外部性的存在，增加用户或者减少用户带来的成本较低，因此企业金融化并未对组织动态管理能力与商业模式更迭能力的影响机制产生调节作用。

二、本书的理论贡献

尽管近年来对企业数字化这一话题的关注有所增加，但对组织如何实施数字化并提升其数字能力的理解仍然有限。我们通过揭示企业数字能力的概念及其主要维度对国际化绩效的作用机制，提高了对企业数字化和国际化现象的理解。总体上看，我们将数字能力引入到动态能力理论之中，拓展了动态能力理论的适用情境。具体来看，我们具有以下几个理论贡献：

第一，本研究依据数字化情境中的内容要求，结合动态能力理论，对混乱的数字能力重新进行了维度划分，拓展了动态能力理论在数字化情境下的应用，在动态能力理论的指导下，将企业数字能力划分为数字技术嵌入能力、动态组织管理能力和商业模式迭代能力三个方面。尽管学者们发现在高速动态的环境中，企业可以获得有价值的资源和能力（Peteraf，Di Stefano，and Verona，2013），但是，在数字化情境下，这种能力和经验尚未成功建立。先前的研究主要是通过对数字领导者的相关数字动态能力进行的探索（Helfat and Raubitschek，2018）。他们认为创新能力、环境扫描和感知能力以及生态系统协调整合能力发挥着关键作用。这种分类范式更像是企业需要达到的某种目标，缺乏对企业具体行为的指导。同时，这种分类方式也缺少对数字化管理方面的探索。鉴于数字化管理能力也是数字化时代企业必须具备的基本能力（李唐，2020；刘洋，2020），我们通过文献分析和案例研究弥补了这一缺陷，将企业动态组织管理能力纳入企业数字能力的研究范畴。最终鉴于数字化战略通常涉及全公司范围的数字化战略（Singh and Hess，2017），结合动态能力理论以及企业实践，我们将企业数字能力分为数字技术嵌入能力、动态组织管理能力和商业模式迭代能力三个维度。这三种数字能力分别代表着一种具体的企业行为，可以为多重企业目标服务。综上，我们通过重新解释数字能力的概念与维度划分，将为学术界关于动态能力在数字化情境中的动态演变提供更加深刻的理解。

第二，解释了数字能力不同维度对国际化绩效带来的差异化影响，进一步严谨地解释了动态能力理论在国际化与数字化双重情境下的应用。

动态能力解释了组织如何快速适应变化的环境，以便从新的机会中获利或避免遭受破坏性的威胁（Teece，2014）。虽然动态能力对于解释企业国际化绩效的相关影响因素较为成熟，但是缺乏在数字化与国际化双重情境下的应用。本研究结果将数字能力的相关情境扩展到国际化环境中，将有助于弥补国际化文献中对此情境的研究匮乏。先前的研究大都认可数字化情境下，企业动态能力会发挥出积极的作用，有利于企业绩效的提升（池毛毛、王俊晶、王伟军，2022；缪沁男、魏江，2021），然而，将企业的商业活动拓展到国外市场中时，大多数研究主要是基于资源基础观进行的探索（Pergelova，2019）。他们认为数字技术是国际市场开拓中具有竞争力的资源，能够帮助企业实现全球价值链地位和出口绩效提升等目标（Pergelova，2019；Chen，2019）。然而，资源基础观较为静态的分析方式并不符合数字化时代快速变化的动态环境。动态能力视角不仅将数字资源视为价值创造的资源，还不断分析其多重用途的潜力，通过研究这些资源如何拓展业务流程和帮助企业重组以外，还将促进资源在组织间的持续传播，并结合动态环境将这些资源有效地应用于企业的业务运营及战略规划之中（Ciampi，2021）。同时，动态能力理论注重对企业长期行为的探索。目前，针对企业数字化与绩效关系中的"数字化悖论"问题，现有研究提供了有限的解释。本研究在动态能力的指导下，从长期视角入手，回应了企业数字能力与国际化绩效之间关系中"数字化悖论"存在的原因（Gebauer，2020）。研究结论支持了我们研究问题中所推论的第一种假定，即总体上企业的数字能力应该与国际化绩效呈现先升后降的关系。

随着数字化和全球化的发展，无论是大型企业，还是中小企业，都纷纷利用数字化战略支持其国际化的发展。一方面，学者认可创新商业模式可以降低出口市场的交易和沟通成本，提高企业的出口收入（Denicolai，2021）；另一方面，学者又开始质疑数字技术嵌入能力无法给企业带来价值。这意味着数字能力的不同维度给企业国际化绩效带来的影响机制并不相同。由于企业数字技术嵌入能力是企业数字化和国际化的基本配置，数字技术嵌入能力的提高会显著地促进企业的国际化绩效，这充分肯定了先前的研究结论（Hagsten and Kotnik，2017）。然而，动态组织管理能力与商业模式迭代能力由于受到"路径依赖"以及在国际化过程中企业能力提升的困难加大和成本压力的影响，与国际化绩效之间的关系呈现先上升后下降的趋势。这种利用分类法探讨不同维度下的数字能力对企业国际化绩效差异化的影响的方式，解释了"数字化悖论"存在的另一种原因，将为学者们后续的研究提供支撑。

第三，通过加入两个调节变量，再次拓展了该研究的情境适应性。本研究亦探讨数字能力与国际化绩效之间关系的调节机制，这种增加约束条件的方式有助于我们更加严谨地解释企业数字能力与国际化绩效之间的关系。本研究认为，行业数字能力给焦点企业带来了许多新的挑战，尤其是当企业未能以合适的方式发展数字化时，企业决策者们可能很快就会发现，在与精通数字技术的竞争对手相比时处于劣势（Massa，2017）。同时，行业数字能力也是影响企业感知机会和威胁的关键情境，缺乏对行业数字能力的考量将使企业的决策失之偏颇。另外，虽然企业金融化是缓解企业资金压力的重要手段（余怒涛，2021），但是，企业金融化水平越高，其挤出效应将愈加严重。对目前的企业来说，如何发挥出企业金融的数字特性才是企业解决资金短缺问题的重要方式。

三、研究局限与未来研究展望

第一，本研究发现行业数字能力并未对动态组织管理能力／商业模式迭代能力与国际化绩效之间的关系产生调节作用，而这有可能是因为这两个维度对企业国际化的影响更可能受到跨行业生态圈（例如特定地区）的影响。因此，在以后的研究中，我们可以继续探讨区域的数字能力是否会对企业的数字能力构建与国际化绩效之间的关系产生调节作用。

第二，我们的研究结论仍然符合传统金融资产的视角，但是随着数字金融的发展，从数字金融的特性进行阐述能够使模型更加严谨。因此，在以后的研究中可以单独考虑数字金融的特性来丰富对边界条件的探讨。

第三，我们所搜集的样本数据均来自中国的企业，这使得我们研究结论的一般性受到了限制，但是企业数字化已经在全球范围内得到广泛发展，因此在以后的研究中可以增加其他国家的数据样本以检验我们所研究问题的普适性。

第五节 本章小结

本章节对实证模型部分进行了总结分析，整体上回答了企业数字能力三个维度对国际化绩效的差异化影响机制。同时，也支持了行业数字能力与企业金融化的调节作用。这一研究结论，初步回应了企业"数字化悖论"的问题，也回应了企业如何跟随行业发展"风口"进行数字化建设的问题。同时，也为企业在国际化和数字化过程中如何应对资金短缺的问题提供了新的思考。另外，我们还对研究结论、理论贡献与研究局限、未来研究展望进行了阐述。

附　录

附表1：有关数字能力的关键词抽取

维　度	代表性关键词
数字技术 嵌入能力	数字技术、移动计算、云计算、AI、数字孪生、3D打印、区块链、差分隐私技术、人工智能、物联网、大数据技术、IT、商业智能、图像理解、智能机器人、机器学习、深度学习、生物识别技术、人脸识别、语音识别、身份验证、自动驾驶技术、自然语言处理、数据挖掘、文本挖掘、可视化、流计算、图计算、内存计算、多方安全计算、类脑计算、绿色计算、认知计算、融合架构、亿级并发、EB级存储、信息物理系统、工业互联网、移动互联技术、5G、信息技术、CDN、云备份、云搜索、API、互联网技术、MES、DCS、数字仿真、虚拟验证、4G、VR、虚拟仿真、BI、DT、EDA、EMR、EPR、GIS、Hadoop、MES、MIS、信息软件、服务器、车联网、图像识别、语音技术、文字识别、人体识别、人脸特效技术、云存储、终端安全、量子技术、边缘计算、数据湖、数据中台、数控、数字终端、增强现实、混合现实、虚拟现实、机器通信、数据中心、技术嵌入、分布式计算。共85个。 部分关键词解释 数字终端：是数字交换系统与数字中继线之间的接口电路，可适配一次群或高次群的数字中继线，采用数字信号与局端设备或网络设备互联互通的终端设备。 增强现实：看到的场景和人物一部分是真一部分是假，是把虚拟的信息带入到现实世界中的技术。 混合现实：混合现实是一组技术组合，不仅提供新的观看方法，还提供新的输入方法，而且所有方法相互结合，从而推动创新。 虚拟现实：看到的场景和人物全是假的，是把你的意识带入一个虚拟世界的技术。 机器通信：它是指在机器上通过安装传感器、控制器等来赋予机器"智能"的属性，并且这些机器设备都具备联网和通信能力，从而实现机器与机器间的信息交流。 数据中心：是全球协作的特定网络设备，用来在internet网络基础设施上传递、加速、展示、计算、存储数据信息。

维　度	代表性关键词
动态组织管理能力	数字化转型、动态组织管理能力、数字管理、数字化管理、线上会议、腾讯会议、数字助手、公众号、小程序、移动支付、社交广告、企业微信、大数据和安全能力、投资决策辅助系统、智能数据分析、信息共享、软件外包、数据清洗、数据安全、数控化、人机协作、Predix 平台、远程办公、协同办公、线上办公、异地办公、移动办公、在家办公、全球办公、钉钉、华为云、企业微信、泛微、飞书、蓝信、Lenovo DOCS、腾讯文档、企业网盘、百度网盘、云办公、华为 WeLink、数据决策、数据上云、设备上云、系统上云、无人仓库、无人工厂、无人车间、智能化工厂、数字化车间、扁平化、ERP、OA、无纸化办公、赋能、智能仓储物流、智能生产、cloud、智能客服、智慧办公、数据库、Linux、华为云、腾讯云、阿里云、UCloud、云会议、应用集成、数字化、数据化、云管理、云迁移、云战略、数据管理、数据网络、数据平台、数字控制、数字网络、数字智能、在线管理、数据化管理、电子银行、移动金融、智能排程、PLM、混合云、数据可视化、网络安全、数据赋能、生产制造执行系统、信息管理、信息集成、企业上云、智能管理、智能工厂、智能物流、智能控制、自动控制、自动检测、自动监控、自动生产、集成控制、工业云、智能故障诊断、生命周期管理、虚拟制造、分布式记账、云通信。共 108 个。

部分关键词解释

　　Predix 平台：Predix 的四大核心功能是链接资产的安全监控，工业数据管理，工业数据分析，云技术应用和移动性。

　　泛微：专注于协同管理 OA 软件领域，并致力于以协同 OA 为核心帮助企业构建全新的移动办公平台。

　　蓝信：蓝信是为党政军央企打造的安全协同工作平台。

　　Lenovo DOCS：多人在线编辑。

　　华为 WeLink：WeLink，是企业数字化转型的联接器，源自华为 19 万员工的数字化办公实践，支持 iOS、Android、Windows、MACOS 四大平台，融合即时通讯、企业邮箱、视频会议、音视频通话、直播、云笔记、云空间、企业 OA、考勤打卡、待办审批等服务，打造新一代智能工作平台、远程办公平台、移动办公平台、协同办公软件，高效连接企业的团队、业务、知识、设备，助力企业数字化转型，提升企业办公效率，降低运营成本。

　　PLM：产品全生命周期管理。

　　虚拟制造：是指仿真、建模和分析技术及工具的综合应用，以增强各层制造设计和生产决策与控制。

　　分布式记账：分布式账本（Distributed ledger）是一种在网络成员之间共享、复制和同步的数据库。分布式账本记录网络参与者之间的交易，比如资产或数据的交换。这种共享账本降低了因调节不同账本所产生的时间和开支成本。

维　度	代表性关键词
商业模式 迭代能力	商业网络、业务流程数字化、数字平台、平台经济、交易平台、电子交易、数字流程、数字交易、互联网、价值共创、知识共享平台、众包平台、众筹平台、虚拟空间、创客空间、社交媒体、数字营销、数据要素、共享经济、商业生态系统、模块化、虚拟化、社区化、客户价值创造、商业模式、数字服务、虚拟社区、博客、视频博客、移动应用程序、智能金融合约、B2B、B2C、C2B、C2C、O2O、互联网金融、数字金融、Fintech、云服务、流量经济、网络化协同、电商服务、生态、新业态、移动化、平台化、智能化、智能穿戴、智能营销、数字营销、无人零售、资源共享、业态培育、创新链、服务链、微服务、供应链协同、云连接、智能销售、消费互联网、互联网营销、互联网业务、集成解决方案、互联网医疗、网联、智慧营销、数字销售、开放银行、互联网平台、互联网模式、互联网商业模式、互联网生态、电子商务、移动营销、IaaS、PaaS、FaaS、线上、线下、网络零售、数字化业务、商务智能、生态协同、电商、信息终端、移动解决方案、微服务、企业画像、用户画像、生态投资、全景连接、SaaS、SNS、互联网解决方案、移动支付、第三方支付、NFC、即时通信、智能设备、RPA、金融科技、量化金融、智能终端、社交媒体、数字运营。共106个。
	部分关键词解释
	Fintech：Financial ＋ Technology 的合成词，即：金融和科技。真正的 Fintech 公司是以科技作为整体核心驱动力，将技术应用到金融中，从而提高公司的效率和收益。 　　RPA：Role Play Activity 实景角色演绎，实现剧情和互动游戏的融合。 　　网联：网联一般指非银行支付机构网络支付清算平台。 　　SaaS：意思为软件即服务，即通过网络提供软件服务。 　　SNS：专指社交网络服务，包括了社交软件和社交网站。

附表2：部分原始数据

附表2-1　PJ集团部分数据展示

一阶概念	二阶主题	维度划分
把握数字化发展机遇，提升数字化创新能力。PJy、PJe	数字技术感知	
深入分析PJ集团的数字经济发展基础条件和数字经济发展大趋势，建设敏捷高效的新一代数字基础设施。PJy		
数字化技术应该保证能源安全、提高生产力、降低成本等。PJe		
"十三五"期间，我省加快推动电力高质量发展。PJe		
勘探和生产是油气行业中利润最丰富的环节，也正是数字技术能够产生最大影响的领域。在该领域部署先进的数字技术尤为重要。PJe		
当前，新一轮的科技革命和产业革命加速兴起。PJy、PJe	数字技术捕获	
成立人工智能实验室、安全实验室、机器人实验室等。PJy、PJe		
重视产学研，与其他企业、科技学院等合作研发。PJy		
承担科技部重点研发计划项目。PJy		
加强院士工作站、博士后流动站等科研机构建设。PJy		
研究建立能源领域5G应用技术标准体系，规范5G技术在能源领域的推广应用。PJe		
推进生产运营智能化。PJy		数字技术嵌入能力
利用网络、自动化控制、通信、视频等技术，监控一体化软件平台实现采煤作业的自动化控制及远程遥控。PJy		
煤矿高密度全数字三维地震勘探、采煤机器人、远程采煤、采煤仿真模拟、定位系统（北斗）和煤炭信息地理系统（GIS）等数字化技术的应用。PJe		
煤矿安全生产方面：充分利用大数据、云计算、物联网和5G等新一代信息技术，建立煤矿灾害安全基础数据库，可以强化煤矿灾害预警能力，全面提升煤矿灾害防治能力和安全生产水平。PJy、PJe	数字技术转换动态能力	
煤矿产业结构方面：计算机辅助建模、实时监控监测、大数据、机器人等手段的应用，可以优化煤炭运营结构，广泛采用数字技术、数据分析和自动化技术可以提高生产力，并通过多种应用改善生产环境安全性。PJy、PJe		
可以借助新一代信息技术对发电行业维护流程和设备负载进行优化，可延长发电设备和电网部件的使用寿命。设备使用寿命的延长将提高电力资产业主的主营业务收入。PJy、PJe		
智能制造。PJy、PJe		
通过智能销售体系，实现对市场变化的快速反应，这就需要数字化系统优化整个销售链路。PJy		

续表

一阶概念	二阶主题	维度划分
培养人才队伍，打造集团信息化智能化发展的专业团队，为数字化转型提供人才保障。PJy、PJe	动态组织管理能力	动态组织管理能力
专业人才短缺，专业技术人员的业务素质较低。PJy		
正在建设人力资源管理系统。PJy		
辅助机器人的采用。PJy		
缺乏配套的考核和激励机制。PJy		
企业数字化不仅是技术的创新，更是认知、价值、战略和领导力的变革。PJy		
企业需要加强人才引进，提升管理理念，确保"神形合一"。PJy		
企业对员工进行培训，并促进员工之间的知识共享。PJy		
迈入新发展阶段，融入新发展格局，要拿出壮士断腕、大破大立的决心和勇气。PJy	动态组织能力	
通过数字化管理供应链各个节点，覆盖计划、采购、生产、仓储、运输，从而实现整个供应链的计划优化，调度协同。PJy		
打造清洁高效的煤炭供应链，构建安全稳定供应、行业现代化治理体系。PJe		
各个地方的采集量不是监控就可以的，煤矿都是自己申报的，如何调控是个重要问题。PJy		
构建运检维一体化、自动化的智能电网。PJe		
分布式能源管理。PJe		
探索适合集团业务特点和发展需求的业务平台。PJy、PJe	平台能力	商业模式迭代能力
即通过智能销售体系，实现对市场变化的快速反应，需要数字化系统优化整个销售链路。PJy		
"能源云"平台初步建成，平台建设积极促进能源工业管理向数字化、网络化转型。PJe		
构建高压电缆辅助运维管理平台。PJe		
集团在 2018 年启动物资集中采购信息化平台建设，将所有分（子）公司物资采购全部纳入股份公司集中采购平台。PJy		
基于客户需求去打造产品。PJy	服务化	
智能需求响应。在物联网技术和大数据技术的支撑下，数字化技术可以部署在电力消费端。PJe		

附表2-2　TX集团部分数据展示

一阶概念	二阶主题	维度划分
中国互联网的门户时代到来了。TXe	数字技术感知	数字技术嵌入能力
开发的产品要符合用户习惯。虽然实现起来有些技术难度，但是也是可以解决的。TXe		
数据挖掘才是 TX 最具门槛性质的技术。数据挖掘的更深层次的部分是 TX 在互联网数据中心上的积累，比如高速上传、大容量邮件传入的后台及基础技术支持。TXe		
另外，我们在这块也会从公司的角度，这个行业这一块去做这种产品的技术创新以及产品的一个加速以及孵化。TXy		
投资不同的领域企业，建立生态链，获得进入新领域的机会。TXy	数字技术捕获	
生态合作伙伴，一起去开发，共建生态，不局限于某个国家。TXy		
首先引入技术这一块，包括计算容器网络，等等。TXy		
成立人工智能实验室、安全实验室、机器人实验室等。TXe、TXy		
重视产学研，与其他企业、科技学院等合作研发。TXy		
还有一些提供技术平台的。TXy、	数字技术转换动态能力	
想法和需求是客户提出来的，技术实践是我们做的。TXy		
技术方面，进行微创新，例如将自己一个产品中的用户列表设置成可以在任何一台电脑都可以显示。TXe		
在设计网络协议时果断采取 UDP 技术，而不是其他即时通信软件技术。TXe		
利用相关技术，对软件的大小进行了缩小。TXe		
我们现在已经连接了 10 亿的用户。TXy	动态组织管理能力	动态组织管理能力
在每个区域内进行下沉，让团队去拓展。TXy		
我现在手机上可以把它当作移动办公的形式。TXy		
计算能力、大数据是可复制的，但人才是不可复制的。TXy		
培养人才队伍，打造集团信息化智能化发展的专业团队，为数字化转型提供人才保障。TXe、TXy		
这块是我们的愿景使命，我们的定位以及我们的这种价值。TXy		
TX 内部形成了赛马机制，几次重大决策都不是来自高层决策，而是来自中层的自主突破。		
进入某一国家之前，要洞察这个国家有多少机会让你能活下来。TXy	动态组织能力	
这个生态就是我针对我这个客户要做的一个市场洞察，这个市场洞察包括我的合作伙伴是谁、我的竞争对手是谁等问题。TXy		
迈入新发展阶段，融入新发展格局，需要拿出壮士断腕、大破大立的决心和勇气。TXe		
做好产品之后，需要有一个年度升级的规划。TXe、TXy		

一阶概念	二阶主题	维度划分
在 2016 年的时候出于这样一个出海的计划，就开始正式宣布，然后开始出海去寻找全球的合作伙伴，并共建这种生态。TXy	动态组织能力	动态组织管理能力
慢慢地先从小山村做起，不做城市，走农村包围城市。TXy		
领导人为企业制定了短期目标和长期目标。TXe、TXy		
由于各个部门职责各异，转型工作的核心实际上在于实现部门间数据的互联互通，这是管理层在规划时需要重点考虑的问题。TXy、PJy		
探索适合集团业务特点和发展需求的业务平台。TXe、TXy	平台能力	
然后有一些互联网平台人员的解决方案等。TXy		
基于游戏做云平台，然后去推广。TXy		
推出对外开放共享平台，与合作伙伴打造一个没有疆界、开放共享的互联网生态圈。TXy、TXe		
我们最新的这种产品和服务，包括各种解决方案、社交通信、移动浏览器。TXy	产品拓展服务化拓展	商业模式迭代能力
开辟更多的盈利模式，让面向客户的业务多元化，在不影响用户体验的前提下，让 TX 的流量优势得到变现。TXY		
基于客户需求去打造产品。TXy 、TXe		
给政府部门也提供相关服务。TXy		
2015 年，这也是一个比较关键的节点，也就是我们的数据中心在北美落地，开始为全球的客户服务，就是云服务。TXy		
人工智能在多个行业领域均有涉及，包括我们的企业服务、金融、游戏、教育、政务等，我们已推出了涵盖 10 大类、超过 300 个的具体产品。TXy		
另外，我们加强了对音频视频的处理能力，如视频直播、短视频，现在是电商、客服、办公、泛娱乐等，然后进入场景，这是我们自己的一个产品决定能力。TXy		
我们现在已经构筑了 190 多个这种业务场景的解决方案。TXy		
没有对用户需求的深入洞悉，也就没有快速的产品完善反应。TXe		

参考文献

陈威如，等，2013. 平台战略：正在席卷全球的商业模式革命 [M]. 北京：中信出版社.

钟华，2017. 企业 IT 架构转型之道：阿里巴巴中台战略思想与架构实战 [M]. 北京：机械工业出版社.

刘霞辉，2002. 资产价格波动与宏观经济稳定 [J]. 经济研究（04）：11－18.

况志军，2006. 基于动态能力视角的 IT 能力与持续竞争优势研究 [J]. 科技进步与对策（10）：115－117.

殷国鹏，等，2007. 基于资源观的企业 IT 能力理论及实证研究 [J]. 南开管理评论（01）：26－31.

杨震宁，等，2010. 政府监管，鳗鱼效应与知识产权管理：企业创新绩效的提升 [J]. 中国管理科学（06）：177－184.

陈仕华，等，2011. 企业间高管联结与慈善行为一致性：基于汶川地震后中国上市公司捐款的实证研究 [J]. 管理世界（12）：87－95.

许晖，等，2012. 基于行业环境风险感知维度的中国企业国际扩张与绩效关系研究：兼论企业所有制形式的调节作用 [J]. 管理评论（06）：11－19.

罗婷婷，2012. 国际化动机、国际化能力与国际化绩效的关系：基于中小企业的实证研究 [J]. 管理现代化（03）：18－19.

董祺，2013. 中国企业信息化创新之路有多远？—— 基于电子信息企业面板数据的实证研究 [J]. 管理世界（07）：123－129.

李彬，等，2013. 动态能力如何影响组织操作常规？—— 一项双案例比

较研究 [J]. 管理世界（08）：136 － 153.

张建君，2013. 竞争—承诺—服从：中国企业慈善捐款的动机 [J]. 管理世界（09）：118 － 129.

邓新明，等，2014. 政治关联、国际化战略与企业价值：来自中国民营上市公司面板数据的分析 [J]. 南开管理评论（01）：26 － 43.

刘汉民，等，2014. 交易成本理论在企业管理中的应用：基于 1993—2013 年国外英文权威文献的统计分析 [J]. 经济管理（08）：179 － 186.

罗顺均，2014. "引智"学习、组织信任及企业技术能力提升：基于珠江钢琴 1987—2012 年的纵向案例研究 [J]. 管理学报（09）：1265 － 1275.

曾建光，等，2015. Internet 治理与代理成本：基于 Google 大数据的证据 [J]. 经济科学（01）：112 － 125.

杜勇，等，2017. 金融化对实体企业未来主业发展的影响：促进还是抑制 [J]. 中国工业经济（12）：113 － 131.

罗进辉，等，2017. 独立董事地理距离对公司代理成本的影响 [J]. 中国工业经济（08）：100 － 119.

王红建，等，2017. 实体企业金融化促进还是抑制了企业创新：基于中国制造业上市公司的经验研究 [J]. 南开管理评论（01）：155 － 166.

蔡莉，等，2018. 发现型机会和创造型机会能够相互转化吗？—— 基于多主体视角的研究 [J]. 管理世界（12）：81 － 94.

戴赜，等，2018. 从微观视角理解经济"脱实向虚"：企业金融化相关研究述评 [J]. 外国经济与管理（11）：31 － 43.

刘柏，等，2018. "顺应潮流"还是"投机取巧"：企业社会责任的传染机制研究 [J]. 南开管理评论 21（04）：182 － 194.

彭俞超，等，2018. 经济政策不确定性与企业金融化 [J]. 中国工业经济（01）：137 － 155.

汪涛，等，2018. 中国企业的国际化战略：基于新兴经济体企业的视角 [J]. 中国工业经济（05）：175 － 192.

汪涛，等，2018. 动态能力视角下组织结构有机性对逆向国际化绩效的影响研究 [J]. 管理学报（2）：174 － 182.

詹晓宁，等，2019. 数字经济下全球投资的新趋势与中国利用外资的新战略 [J]. 管理世界（03）：78 － 86.

戴美虹，2019. 互联网技术与出口企业创新活动：基于企业内资源重置视角 [J]. 统计研究（11）：62 － 75.

杜晓君，等，2019. 组织污名对企业国际化绩效的影响 [J]. 外国经济与管理（07）：112 － 124.

李洪，等，2019. 知识距离与中国企业跨国并购的创新绩效研究 [J]. 管理学报（09）：1366 － 1374.

叶广宇，等，2019. 服务特征对外国市场进入模式选择的影响：一个研究述评 [J]. 经济管理（11）：193 － 208.

陈冬梅，等，2020. 数字化与战略管理理论：回顾、挑战与展望 [J]. 管理世界（05）：220 － 236.

陈国青，等，2020. 大数据环境下的决策范式转变与使能创新 [J]. 管理世界（02）：95 － 105.

陈剑，等，2020. 从赋能到使能：数字化环境下的企业运营管理 [J]. 管理世界（02）：117 － 128.

陈菊红，等，2020. 服务化战略对企业绩效的影响：基于商业模式创新的中介作用 [J]. 科研管理（04）：131 － 139.

胡金焱，等，2020. 互联网借贷能否实践"扶弱解难"的普惠金融理念：基于"人人贷"数据的分析 [J]. 管理科学（06）：3 － 15.

鞠雪楠，等，2020. 跨境电商平台克服了哪些贸易成本？——来自"敦煌网"数据的经验证据 [J]. 经济研究（02）：181 － 196.

李唐，等，2020. 数据管理能力对企业生产率的影响效应：来自中国企业—劳动力匹配调查的新发现 [J]. 中国工业经济（06）：174 － 192.

李雯晶，等，2020. 社会传染研究综述与展望：基于行为经济学视角 [J]. 管理现代化（04）：105 － 109.

刘飞，2020. 数字化转型如何提升制造业生产率：基于数字化转型的三重影响机制 [J]. 财经科学（10）：93 － 107.

刘洋，等，2020. 数字创新管理：理论框架与未来研究 [J]. 管理世界（07）：

198－217.

刘政，等，2020.企业数字化、专用知识与组织授权［J］.中国工业经济（09）：156－174.

柳卸林，等，2020.数字创新时代：中国的机遇与挑战［J］.科学学与科学技术管理（06）：3－15.

戚聿东，等，2020数字化对制造业企业绩效的多重影响及其机理研究［J］.学习与探索（07）：108－119.

戚聿东，等，2020.数字经济时代的企业管理变革［J］.管理世界（6）：135－152.

沈国兵，等，2020.互联网化、创新保护与中国企业出口产品质量提升［J］.世界经济（11）：127－151.

王开科，等,2020.数字经济发展改善了生产效率吗［J］.经济学家（10）：24－34.

王强，等，2020.数字化能力和价值创造能力视角下零售数字化转型机制：新零售的多案例研究［J］.研究与发展管理（06）：50－65.

谢卫红，等，2020.数字化创新研究的知识结构与拓展方向［J］.经济管理（12）：184－202.

熊名宁，等，2020.文化距离如何影响跨国战略联盟的形成：基于交易成本视角的解释［J］.南开管理评论（05）：145－158.

许恒，等，2020.数字经济、技术溢出与动态竞合政策［J］.管理世界（11）：63－84.

余菲菲，等，2020.跨层次环境对我国制造企业转型路径选择的影响：基于 fsQCA 方法［J］.研究与发展管理（04）：37－47.

周文辉，等，2020.创业孵化平台数字化动态能力构建［J］.科学学研究（11）：2040－2047.

陈立敏，等，2021.社会责任披露能否提升国际化企业绩效？［J］.管理学刊（03）：68－88.

陈启斐，等，2021.全球价值链重构、任务贸易与全要素生产率［J］.南开经济研究（02）：3－23.

陈庆江，等，2021. 企业数字化转型的同群效应及其影响因素研究 [J].
管理学报（05）：653－663.

陈小辉，等，2021. 数字经济如何影响企业风险承担水平 [J]. 经济管理
（05）：93－108.

池仁勇，等，2021. 企业制造过程与商业模式双重数字化转型研究 [J].
科学学研究（01）：1－20.

党琳，等，2021. 制造业行业数字化转型与其出口技术复杂度提升 [J].
国际贸易问题（06）：32－47.

韩岚岚，等，2021. 企业金融化对创新持续性影响机理研究 [J]. 财会通
讯（22）：69－73.

何郁冰，等，2021. 技术多元化、国际化与企业绩效 [J]. 科学学研究
（08）：1437－1447.

焦豪，等，2021. 动态能力研究述评及开展中国情境化研究的建议 [J].
管理世界（05）：191－210.

李佳霖，等，2021. 金融发展、企业多元化战略与高质量发展 [J]. 经济
管理（02）：88－105.

李琦，等，2021. 数字化转型、供应链集成与企业绩效：企业家精神的
调节效应 [J]. 经济管理（10）：5－23.

李勇建，等，2021. 区块链赋能供应链：挑战、实施路径与展望 [J]. 南
开管理评论（05）：192－201.

刘淑春，等，2021. 企业管理数字化变革能提升投入产出效率吗 [J]. 管
理世界（05）：170－190.

卢剑峰，等，2021. 外部知识搜寻、大数据能力与企业创新 [J]. 科研管
理（09）：175－183.

潘宏亮,2021. 数字技术应用驱动国际新创企业国际化绩效提升研究 [J].
中国科技论坛（04）：110－117.

任泽平，2021. 共同富裕与企业责任 [J]. 发展研究（10）：17－22.

魏江，等，2021. 数字经济学：内涵、理论基础与重要研究议题 [J]. 科
技进步与对策 38（21）：1－7.

杨志波，等，2021. 制造企业数字化、服务化与企业绩效：基于调节中介模型的研究［J］. 企业经济（02）：35 － 43.

杨松令，等，2021. 行为金融视角下投资者情绪对实体企业金融化的影响研究［J］. 管理评论（06）：3 － 15.

吴非，等，2021. 企业数字化转型与资本市场表现：来自股票流动性的经验证据［J］. 管理世界（07）：130 － 144.

张宝建，等，2021. 价值共创行为、网络嵌入与创新绩效：组织距离的调节效应［J］. 经济管理（05）：109 － 124.

张宇，等，2021. 数字经济下的国际贸易：理论反思与展望［J］. 天津社会科学（03）：84 － 92.

赵宸宇 .2021，数字化发展与服务化转型：来自制造业上市公司的经验证据［J］. 南开管理评论（02）：149 － 163.

朱国军，等，2021. 智能制造企业国际创业机会实现的过程机制：数字化赋能视角下小米公司的纵向案例研究［J］. 软科学（07）：65 － 71.

朱秀梅，等，2021. 企业数智转型能力形成机理：基于海尔集团"知行合一"的单案例研究［J］. 经济管理（12）：98 － 114.

吴晓波，等，2022. 数字情境下制造服务化的治理机制：契约治理与关系治理研究［J］. 科学学研究 40（2）：269 － 277.

江积海，等，2022. 商业模式多元化及其创造价值的机理：资源协同还是场景互联？—— 美团 2010—2020 年纵向案例研究［J］. 管理评论（01）：306 － 321.

吴瑶，等，2022. 基于数字化技术共建"和而不同"动态能力：2011—2020 年索菲亚与经销商的纵向案例研究［J］. 管理世界（01）：144 － 163.

解学梅，等，2022. 本土制造业企业如何在绿色创新中实现"华丽转型"？—— 基于注意力基础观的多案例研究［J］. 管理世界（03）：76 － 106.

周雪峰，等，2022."互联网 ＋"战略、金融资产配置与企业创新投资：来自数字化企业的准自然实验［J］. 科技进步与对策（7）：103 － 113.

陈晓红，等，2022. 数字经济理论体系与研究展望［J］. 管理世界（02）：

208 － 224.

倪克金，等，2022. 数字化转型与企业成长：理论逻辑与中国实践［J］. 经济管理（12）：1 － 19.

刘莉，等，2022. 数字金融、融资约束与中小企业科技创新：基于新三板数据的实证研究［J］. 华东经济管理（05）：15 － 23.

易加斌，等，2022. 互联网企业组织惯性、数字化能力与商业模式创新：企业类型的调节效应［J］. 南开管理评论 25（05）：29 － 40.

杨杰，等，2022. 信息技术赋能创业：IT 能力对创业绩效的影响［J］. 科学学研究 40（9）：1649 － 1660.

余鑫鑫，等，2022. 数字金融能提升企业创新持续性吗？［J］. 财会通讯（10）：60 － 65.

张新，等，2022. 中小企业数字化转型影响因素的组态效应研究［J］. 经济与管理评论（01）：92 － 102.

张娜娜，等，2022. 数字化下后发企业多维能力协同机制：华为启示［J］. 科学学研究（11）：1 － 10.

苏敬勤，等，2022. 连续数字化转型背景下的数字化能力演化机理：基于资源编排视角［J］. 科学学研究 40（10）：1853 － 1863.

魏冉，等，2022. 物流服务生态系统价值共创与数字化能力研究：基于菜鸟网络的案例研究［J］. 中国软科学（03）：154 － 163.

顾海峰，等，2022. 数字金融会影响银行系统性风险吗？—— 基于中国上市银行的证据［J］. 中国软科学（02）：32 － 43.

唐松，等，2022. 金融科技与企业数字化转型：基于企业生命周期视角［J］. 财经科学（02）：17 － 32.

吉峰，等，2022. 制造企业数字化能力的概念及其结构维度：基于扎根理论的探索性研究［J］. 中国矿业大学学报（社会科学版）24(05)：151 － 166.

池毛毛，等，2022. 数字化转型背景下企业创新绩效的影响机制研究：基于 NCA 与 SEM 的混合方法［J］. 科学学研究 40(02)：319 － 331.

陈玉娇，等，2022. 企业数字化转型："随行就市"还是"入乡随俗"？——

基于制度理论和认知理论的决策过程研究 [J]. 科学学研究 40（06）：1054 — 1062.

赵文丽，等，2023. 企业国际化过程中的知识能力形成与提升路径研究 [J]. 科技进步与对策（1）：131 — 141.

张志菲，等，2023. 基于技术范式转变的后发数字企业能力建构与追赶效应研究 [J]. 南开管理评论：1 — 18.

肖挺，2023. 业务维度、外部服务供应商与制造企业服务化战略实施效果分析 [J]. 南开管理评论（02）：1 — 20.

刘晶，2012. 制度距离与南方国家对外直接投资的区位选择与绩效：理论与实证分析 [D]. 天津：南开大学.

DUNNING, J.H, 1988. The Eclectic Paradigm of International Production: A Restatement and Some Possible Extensions[J]. *Journal of International Business Studies*, 19（1）：1 — 31.

EISENHARDT, K.M, 1989. Building Theories From Case Study Research[J]. *Academy of Management Review*, 14（4）：532 — 550.

TEECE, D.J., G, 1997. Pisano, and A.Shuen. Dynamic Capabilities and Strategic Management[J]. *Strategic Management Journal*, 18（7）：509 — 533.

BRYNJOLFSSON, E. et al., 2000. Beyond Computation: Information Technology, Organizational Transformation and Business Performance[J]. *The Journal of Economic Perspectives*, 14（4）：23 — 48.

EISENHARDT, K.M. et al., 2000. Dynamic Capabilities:What Are They ? [J]. *Strategic Management Journal*, 21（10-11）：105 — 1121.

BHARADWAJ, A.S.A, 2000. Resource-Based Perspective on Information Technology Capability and Firm Performance: An Empirical Investigation[J]. *MIS Quarterly*, 24（1）：169 — 196.

TEECE, D.J, 2000. Strategies For Managing Knowledge Assets: the Role of Firm Structure and Industrial Context[J]. *Long range planning*, 33（1）: 35 − 54.

ZAHRA, S.A. et al., 2000. Hitt. International Expansion by New Venture Firms: International Diversity, Mode of Market Entry, Technological Learning, and Performance[J]. *Academy of Management Journal*, 43（5）: 925 − 950.

BRYNJOLFSSON, E. et al., 2000. Frictionless Commerce? A Comparison of Internet and Conventional Retailers[J]. *Management Science*, 46（4）: 563 − 585.

AMIT, R. et al., 2001. Value Creation in E-business[J]. *Strategic Management Journal*, 22（6-7）: 493 − 520.

BARNEY, J., M. et al., 2001. The Resource-Based View of The Firm: Ten Years After 1991[J]. *Journal of Management*, 27（6）: 625 − 641.

ZHU, K. et al., 2002. E-Commerce Metrics for Net-Enhanced Organizations: Assessing the Value of e-Commerce to Firm Performance in the Manufacturing Sector[J]. *Information Systems Research*, 13（3）: 275 − 295.

ZOLLO, M. et al., 2002. Deliberate Learning and the Evolution of Dynamic Capabilities[J]. *Organization Science*, 13（3）: 339 − 351.

ADNER, R. et al., 2003. Corporate Effects and Dynamic Managerial Capabilities[J]. *Strategic Management Journal*, 24（10）: 1011 − 1025.

WINTER, S.G., 2003. Understanding Dynamic Capabilities[J]. *Strategic Management Journal*, 24（10）: 991 − 995.

WINSTON, G.C. et al., 2003. Peer Effects in Higher Education[J]. *Williams Project on the Economics of Highter Education*, 39（2）: 65 − 77.

BROUTHERS, K.D. et al., 2003. Why Service and Manufacturing Entry Mode Choices Differ: The Influence of Transaction Cost

Factors, Risk and Trust[J]. *Journal of Management Studies*, 40 (5): 1179 − 1204.

CALOGHIROU, Y. et al., 2004. Industry-Versus Firm-Specific Effects on Performance:[J]. *European Management Journal*, 22 (2): 231 − 243.

KIM, D. et al., 2005. The Role of Information Technology in Supply‐Chain Relationships: Does Partner Criticality Matter?[J]. *Journal of Business & Industrial Marketing*, 20 (4/5): 169 − 178.

COOK, M.B. et al., 2006. The Transfer and Application of Product Service Systems: From Academia to UK Manufacturing Firms[J]. *Journal of Cleaner Production*, 14 (17): 1455 − 1465.

RAI, A. et al., 2006. Firm Performance Impacts of Digitally Enabled Supply Chain Integration Capabilities[J]. *MIS quarterly*, 30 (2): 225 − 246.

CLARKE, G.R. et al., 2006. Has the Internet Increased Trade? Developed and Developing Country Evidence[J]. *Economic Inquiry*, 44 (3): 465 − 484.

WANG, C.L. et al., 2007. Dynamic Capabilities: A Review and Research Agenda[J]. *International Journal of Management Reviews*, 9 (1): 31 − 51.

ARAL, S. et al., 2007. IT Assets, Organizational Capabilities, and Firm Performance: How Resource Allocations and Organizational Differences Explain Performance Variation[J]. *Organization Science*, 18 (5): 763 − 780.

SIRMON, D.G. et al., 2007. Managing Firm Resources in Dynamic Environments to Create Value: Looking Inside the Black Box[J]. *The Academy of Management Review*, 32 (1): 273 − 292.

MUDAMBI, R, 2008. Location, Control and Innovation in Knowledge-Intensive Industries[J]. *Journal of Economic Geography*, 8 (5):

699 — 725.

BUTLER, T. et al., 2008. An Exploratory Study on is Capabilities and Assets in a Small-To-Medium Software Enterprise[J]. *Journal of Information Technology*, 23 (4): 330 — 344.

MORGAN-THOMAS, A, 2009. Online Activities and Export Performance of the Smaller Firm: a Capability Perspective[J]. *European Journal of International Management*, 3 (3): 266 — 285.

AMBROSINI, V. et al., 2009. What Are Dynamic Capabilities and Are They a Useful Construct in Strategic Management?[J]. *International Journal of Management Reviews*, 11 (1): 29 — 49.

JOHANSON, J. et al., 2009. The Uppsala Internationalization Process Model Revisited: From Liability of Foreignness to Liability of Outsidership[J]. *Journal of International Business Studies*, 40 (9): 1411 — 1431.

YOO, Y. et al., 2010. Research Commentary-The New Organizing Logic of Digital Innovation: An Agenda for Information Systems Research[J]. *Information systems research*, 21 (4): 724 — 735.

SHUKLA, A. et al., 2010. Post-entry Advancement of International Service Firms in Australia: A Longitudinal Approach[J]. *Scandinavian Journal of Management*, 26 (3): 268 — 278.

WIRTZ, B.W. et al., 2010. Strategic Development of Business Models[J]. *Long Range Planning*, 43 (2-3): 272 — 290.

KEVIN TSENG, K.M. et al., 2011. Internationalisation and the Internet in UK Manufacturing SMEs[J]. *Journal of Small Business and Enterprise Development*, 18 (3): 571 — 593.

REUBER, A.R. et al., 2011. International Entrepreneurship in Internet-Enabled Markets[J]. *Journal of Business Venturing*, 26 (6): 660 — 679.

HELFAT, C.E. et al., 2011. Untangling Dynamic and Operational

Capabilities: Strategy for the (N)ever-Changing World[J]. *Strategic Management Journal*, 32 (11): 1243 — 1250.

ETEMAD-SAJADI R. et al., 2012. What Drives International Performance? Insights from Computer-Related Service firms[J]. Journal of CENTRUM Cathedra: The Business and Economics Research Journal, 5 (2): 259 — 273.

BENITEZ-AMADO, J. et al., 2012. Information Technology, the Organizational Capability of Proactive Corporate Environmental Strategy and Firm Performance: a Resource-Based Analysis[J]. *European Journal of Information Systems*, 21 (6): 664 — 679.

YOO, Y. et al., 2012. Organizing for Innovation in the Digitized World[J]. *Organization Science*, 23 (5): 1398 — 1408.

FELIN, T. et al., 2012. Microfoundations of Routines and Capabilities: Individuals, Processes, and Structure[J]. *Journal of Management Studies*, 49 (8): 1351 — 1374.

TEECE, D. J, 2012. Dynamic Capabilities: Routines Versus Entrepreneurial Action[J]. *Journal of Management Studies*, 49 (8): 1395 — 1401.

SINKOVICS, N. et al., 2013. The Internet as an Alternative Path to Internationalization?[J]. *International Marketing Review*, 30 (2): 130 — 155.

BAINES, T. et al., 2013. Servitization of the Manufacturing Firm: Exploring the Operations Practices and Technologies that Deliver Advanced Services[J]. *International Journal of Operations & Production Management*, 34 (1): 2 — 35.

PETERAF, M. et al., 2013. The Elephant in the Room of Dynamic Capabilities: Bringing Two Diverging Conversations Together[J]. *Strategic Management Journal*, 34 (12): 1389 — 1410.

WILDEN, R. et al., 2013. Dynamic Capabilities and Performance:

Strategy, Structure and Environment[J].*Long Range Planning*, 46 (1-2): 72 − 96.

JIN, Y. et al., 2014.Exploring Relationships Among IT-enabled Sharing Capability, Supply Chain Flexibility, and Competitive Performance[J].*International Journal of Production Economics*, (153): 24 − 34.

TEECE, D.J, 2014.The Foundations of Enterprise Performance: Dynamic and Ordinary Capabilities in an (Economic) Theory of Firms[J]. *Academy of Management Perspectives*, 28 (4): 328 − 352.

JONES, P. et al., 2014.An Exploration of the Attitudes and Strategic Responses of Sole-Proprietor Micro-Enterprises in Adopting Information and Communication Technology[J].*International Small Business Journal: Researching Entrepreneurship*, 32 (3): 285 − 306.

TEECE, D.J, 2014.A Dynamic Capabilities-Based Entrepreneurial Theory of the Multinational Enterprise[J].*Journal of International Business Studies*, 45 (1): 8 − 37.

PARIDA, V. et al., 2014.Mastering the Transition to Product-Service Provision: Insights into Business Models, Learning Activities, and Capabilities[J].*Research-Technology Management*, 57 (3): 44 − 52.

KANE, G.C. et al., 2015.Strategy, Not Technology, Drives Digital Transformation[J].*MIT Sloan Management Review and Deloitte University Press*, 14 (1): 1 − 25.

AUTOR, D.H, 2015.Why Are There Still So Many Jobs? The History and Future of Workplace Automation[J].*The Journal of Economic Perspectives*, 29 (3): 3 − 30.

HELFAT, C.E. et al., 2015.Dynamic Managerial Capabilities: Review and Assessment of Managerial Impact on Strategic Change[J].

Journal of Management, 41（5）: 1281 — 1312.

MATT, C. et al., 2015. Digital Transformation Strategies[J]. *Business & Information Systems Engineering*, 57（5）: 339 — 343.

WANG, G. et al., 2015. The Effects of Firm Capabilities on External Collaboration and Performance: The Moderating Role of Market Turbulence[J]. *Journal of Business Research*, 68（9）: 1928 — 1936.

WENTRUP, R, 2016. The Online - Offline Balance: Internationalization for Swedish Online Service Providers[J]. *Journal of International Entrepreneurship*, 14（4）: 562 — 594.

MAJCHRZAK, A. et al., 2016. Designing for Digital Transformation: Lessons for Information Systems Research from the Study of ICT and Societal Challenges[J]. *MIS Quarterly*, 40（2）: 267 — 277.

BROUTHERS, K.D. et al., 2016. Explaining the Internationalization of Ibusiness Firms[J]. *Journal of International Business Studies*, 47（5）: 513 — 534.

BIANCHI, C. et al., 2016. Internet Marketing and Export Market Growth in Chile[J]. *Journal of Business Research*, 69（2）: 426 — 434.

EREVELLES, S. et al., 2016. Big Data Consumer Analytics and the Transformation of Marketing[J]. *Journal of Business Research*, 69（2）: 897 — 904.

BRYNJOLFSSON, E. et al., 2016. The Rapid Adoption of Data-Driven Decision-Making[J]. *American Economic Review*, 106（5）: 133 — 139.

WANG, G. et al., 2016. Big Data Analytics in Logistics and Supply Chain Management: Certain Investigations for Research and Applications[J]. *International Journal of Production Economics*, （176）: 98 — 110.

CHEAH, S. et al., 2017. Big Data-Driven Business Model Innovation by Traditional Industries in the Chinese Economy[J]. *Journal of Chinese Economic and Foreign Trade Studies*, 10 (3): 229 — 251.

AMIT, R. et al., 2017. Value Creation Through Novel Resource Configurations in a Digitally Enabled World[J]. *Strategic Entrepreneurship Journal*, 11 (3): 228 — 242.

SINGH, A. et al., 2017. How Chief Digital Officers Promote the Digital Transformation of their Companies[J]. *MIS Quarterly Executive*, 16 (1): 1 — 17.

DERY, K. et al., 2017. The Digital Workplace is Key to Digital Innovation[J]. *MIS Quarterly Executive*, 16 (2): 135 — 152.

ROTHBERG, H. N. et al., 2017. Big Data Systems: Knowledge Transfer or Intelligence Insights?[J]. *Journal of Knowledge Management*, 21 (1): 92 — 112.

VARGO, S. L. et al., 2017. Service-Dominant Logic 2025[J]. *International Journal of Research in Marketing*, 34 (1): 46 — 67.

KANNAN, P. K. et al., 2017. Digital Marketing: A Framework, Review and Research Agenda[J]. *International Journal of Research in Marketing*, 34 (1): 22 — 45.

BOATENG, A. et al., 2017. Explaining the Surge in M&A as an Entry Mode: Home Country and Cultural Influences[J]. *International Marketing Review.* 34 (1): 87 — 108.

LENKA, S. et al., 2017. Digitalization Capabilities as Enablers of Value Co-Creation in Servitizing Firms[J]. *Psychology & Marketing*, 34 (1): 92 — 100.

BAINES, T. et al., 2017. Servitization: Revisiting the State-of-the-Art and Research Priorities[J]. *International Journal of Operations & Production Management*, 37 (2): 256 — 278.

SVAHN, F. et al., 2017.Embracing Digital Innovation in Incumbent Firms: How Volvo Cars Managed Competing Concerns[J].*MIS Quarterly*, 41 (1): 239 — 253.

NAMBISAN, S, 2017.Digital Entrepreneurship: Toward a Digital Technology Perspective of Entrepreneurship[J].*Entrepreneurship Theory and Practice*, 41 (6): 1029 — 1055.

SAEBI, T. et al., 2017.What Drives Business Model Adaptation? The Impact of Opportunities, Threats and Strategic Orientation[J]. *Long Range Planning*, 50 (5): 567 — 581.

KIEL, D. et al., 2017.The Influence of the Industrial Internet of Things on Business Models of Established Manufacturing Companies - A Business Level Perspective[J].*Technovation*, (68): 4 — 19.

MIKALEF, P. et al., 2017.Information Technology-Enabled Dynamic Capabilities and their Indirect Effect on Competitive Performance: Findings from PLS-SEM and fsQCA[J].*Journal of Business Research*, (70): 1 — 16.

WAMBA, S.F. et al., 2017.Big Data Analytics and Firm Performance: Effects of Dynamic Capabilities[J].*Journal of Business Research*, (70): 356 — 365.

CENAMOR, J. et al., 2017.Adopting a Platform Approach in Servitization: Leveraging the Value of Digitalization[J]. *International Journal of Production Economics*, (192): 54 — 65.

NEUBERT, M, 2018.The Impact of Digitalization on the Speed of Internationalization of Lean Global Startups[J].*Technology Innovation Management Review*, 8 (5): 44 — 54.

SCHILKE, O. et al., 2018.Quo Vadis, Dynamic Capabilities? A Content-Analytic Review of the Current State of Knowledge and Recommendations for Future Research[J].*Academy of Management Annals*, 12 (1): 390 — 439.

TRABUCCHI, D. et al., 2018. Exploring the Inbound and Outbound Strategies Enabled by User Generated Big Data: Evidence from Leading Smartphone Applications[J]. *Creativity and Innovation Management*, 27 (1): 42 − 55.

LOONAM, J. et al., 2018. Towards Digital Transformation: Lessons Learned from Traditional Organizations[J]. *Strategic Change*, 27(2): 101 − 109.

MIKALEF, P. et al., 2018. Big Data Analytics Capabilities and Innovation: The Mediating Role of Dynamic Capabilities and Moderating Effect of the Environment[J]. *British Journal of Management*, 30 (2): 272 − 298.

HASSELBLATT, M. et al., 2018. Modeling Manufacturer's Capabilities for the Internet of Things[J]. *The Journal of Business & Industrial Marketing*, 33 (6): 822 − 836.

RADULOVICH, L. et al., 2018. Intangible Resources Influencing the International Performance of Professional Service SMEs in an Emerging Market: Evidence from India[J]. *International Marketing Review*, 35 (1): 113 − 135.

JAFARI SADEGHI, V. et al., 2018. How Micro, Small and Medium-Sized Enterprises are Driven Outward the Superior International Trade Performance? A Multidimensional Study on Italian Food Sector[J]. *Research in International Business and Finance*, (45): 597 − 606.

HELFAT, C. E. et al., 2018. Dynamic and Integrative Capabilities for Profiting from Innovation in Digital Platform-Based Ecosystems[J]. *Research Policy*, 47 (8): 1391 − 1399.

LUO, Y. et al., 2018. A General Theory of Springboard MNEs[J]. *Journal of International Business Studies*, 49 (2): 129 − 152.

ABDI, M. et al., 2018. Internationalization and Performance:

Degree, Duration, and Scale of Operations[J].*Journal of International Business Studies*, 49（7）：832 — 857.

RITTER, T. et al., 2018.The Wider Implications of Business-Model Research[J].*Long Range Planning*, 51（1）：1 — 8.

TEECE, D. J, 2018.Business Models and Dynamic Capabilities[J].*Long Range Planning*, 51（1）：40 — 49.

BENDIG, D. et al., 2018.On Micro-Foundations of Dynamic Capabilities：A Multi-Level Perspective Based on CEO Personality and Knowledge-Based Capital[J].*Long Range Planning*, 51（6）：797 — 814.

WANG, W. et al., 2018.Export Strategy, Export Intensity and Learning：Integrating the Resource Perspective and Institutional Perspective[J].*Journal of World Business*, 53（4）：581 — 592.

LI, J. et al., 2018.Institutional Compatibility and the Internationalization of Chinese SOEs：The Moderating Role of Home Subnational Institutions[J].*Journal of World Business*, 53（5）：641 — 652.

RAMASWAMY, V. et al., 2018.Offerings as Digitalized Interactive Platforms：A Conceptual Framework and Implications[J].*Journal of marketing*, 82（4）：19 — 31.

POPA, S. et al., 2018.An Investigation of the Effect of Electronic Business on Financial Performance of Spanish Manufacturing SMEs[J].*Technological Forecasting and Social Change*, （136）：355 — 362.

KIM, C. S. et al., 2019.Taking a Bigger Slice of the Global Value Chain pie：An Industry-Level Analysis[J].*Bank of Korea WP*, （3）：1 — 53.

KHIN, S. et al., 2019.Digital Technology, Digital Capability and Organizational Performance：A Mediating Role of Digital

Innovation[J]. *International Journal of Innovation Science*, 11 (2): 177 – 195.

JUNGE, A.L, 2019. Digital Transformation Technologies as an Enabler for Sustainable Logistics and Supply Chain Processes – an Exploratory Framework[J]. *Brazilian Journal of Operations & Production Management*, 16 (3): 462 – 472.

GURBAXANI, V. et al., 2019. Gearing Up For Successful Digital Transformation[J]. *MIS Quarterly Executive*, 18 (3): 209 – 220.

PRIETO SANDOVAL. et al., 2019. Key Strategies, Resources, and Capabilities for Implementing Circular Economy in Industrial Small and Medium Enterprises[J]. *Corporate Social Responsibility and Environmental Management*, 26 (6): 1473 – 1484.

VIAL, G, 2019. Understanding Digital Transformation: A review and a Research Agenda[J]. *The Journal of Strategic Information Systems*, 28 (2): 118 – 144.

LI, T.C. et al., 2019. Dynamic Information Technology Capability: Concept Definition and Framework Development[J]. *The Journal of Strategic Information Systems*, 28 (4): 101575.

RACHINGER, M. et al., 2019. Müller. Digitalization and its Influence on Business Model Innovation[J]. *Journal of Manufacturing Technology Management*, 30 (8): 1143 – 1160.

ALAM, A. et al., 2019. Financing Behaviour of R&D Investment in the Emerging Markets: The Role of Alliance and Financial System[J]. R&D *Management*, 49 (1): 21 – 32.

BANALIEVA, E.R. et al., 2019. Internalization Theory for the Digital Economy[J]. *Journal of International Business Studies*, 50 (8): 1372 – 1387.

WARNER, K.S.R. et al., 2019. Building Dynamic Capabilities for Digital Transformation: An Ongoing Process of Strategic Renewal[J].

Long Range Planning, 52（3）：326 − 349.

PERGELOVA, A. et al., 2019. Democratizing Entrepreneurship? Digital Technologies and the Internationalization of Female-Led SMEs[J].*Journal of Small Business Management*, 57（1）：14 − 39.

LAMBRECHT, A. et al., 2019. Algorithmic Bias? An Empirical Study of Apparent Gender-Based Discrimination in the Display of STEM Career Ads[J].*Management Science*, 65（7）：2966 − 2981.

GREGORY, G.D. et al., 2019. Developing e-Commerce Marketing Capabilities and Efficiencies for Enhanced Performance in Business-to-Business Export Ventures[J].*Industrial Marketing Management*, （78）：146 − 157.

CENAMOR, J. et al., 2019. How Entrepreneurial SMEs Compete Through Digital Platforms: The Roles of Digital Platform Capability, Network Capability and Ambidexterity[J].*Journal of Business Research*, （100）：196 − 206.

KOHTAMÄKI, M. et al., 2019. Digital Servitization Business Models in Ecosystems: A Theory of the Firm[J].*Journal of Business Research*, （104）：380 − 392.

RIALTI, R. et al., 2019. Big Data Analytics Capabilities and Performance: Evidence from a Moderated Multi-Mediation Model[J]. *Technological Forecasting and Social Change*, （149）：119781.

JEAN, R.B. et al., 2020. Internet and SMEs' Internationalization: The Role of Platform and Website[J].*Journal of International Management*, 26（1）：100690.

CAHEN, F. et al., 2020. International Digital Competence[J]. *Journal of International Management*, 26（1）：100691.

FALAHAT, M. et al., 2020. Modelling the Effects of Institutional Support and International Knowledge on Competitive Capabilities and International Performance: Evidence from an Emerging Economy[J].

Journal of International Management, 26 (4): 100779.

CASSETTA, E. et al., 2020. The Relationship Between Digital Technologies and Internationalisation. Evidence from Italian SMEs[J]. *Industry and Innovation*, 27 (4): 311 − 339.

GEBAUER, H. et al., 2020. Growth Paths for Overcoming the Digitalization Paradox[J]. *Business Horizons*, 63 (3): 313 − 323.

SOUSA-ZOMER, T. T. et al., 2020. Digital Transforming Capability and Performance: a Microfoundational Perspective[J]. *International Journal of Operations & Production Management*, 40 (7/8): 1095 − 1128.

AKTER, S. et al., 2020. Building Dynamic Service Analytics Capabilities for the Digital Marketplace[J]. *Journal of Business Research*, (118): 177 − 188.

KOHTAMÄKI, M. et al., 2020. The Relationship Between Digitalization and Servitization: The Role of Servitization in Capturing the Financial Potential of Digitalization[J]. *Technological Forecasting and Social Change*, (151): 119804.

LIU, J. et al., 2020. Influence of Artificial Intelligence on Technological Innovation: Evidence from the Panel Data of China's Manufacturing Sectors[J]. *Technological Forecasting and Social Change*, (158): 120142.

RAJ, A. et al., 2020. Barriers to the Adoption of Industry 4.0 Technologies in the Manufacturing Sector: An Inter-Country Comparative Perspective[J]. *International Journal of Production Economics*, (224): 1 − 17.

STALLKAMP, M. et al., 2021. Platforms Without Borders? The International Strategies of Digital Platform Firms[J]. *Global Strategy Journal*, 11 (1): 58-80.

TAO, L. et al., 2021. Corporate Financialization, Financing

Constraints, and Environmental Investment[J].*Sustainability*, 13 (24)：14040.

BOUNCKEN, R.B. et al., 2021.Knowledge- and Innovation-based Business Models for Future Growth：Digitalized Business Models and Portfolio Considerations[J].*Review of Managerial Science*, 15(1)：1 — 14.

LUO, Y，2021.New OLI Advantages in Digital Globalization[J]. *International Business Review*, 30 (2)：101797.

CENNAMO, C，2021.Competing in Digital Markets：A Platform-Based Perspective[J].*Academy of Management Perspectives*, 35 (2)：265 — 291.

ZHANG, J. et al., 2021.Turning a Curse into a Blessing： Contingent Effects of Geographic Distance on Startup-VC Partnership Performance[J].*Journal of Business Venturing*, 36 (4)： 106108.

WIELGOS, D.M. et al., 2021.Digital Business Capability：Its Impact on Firm and Customer Performance[J].*Journal of the Academy of Marketing Science*, 49 (4)：762 — 789.

AHAMMAD, M.F. et al., 2021.Strategic Agility, Environmental Uncertainties and International Performance：The Perspective of Indian Firms[J].*Journal of World Business*, 56 (4)：101218.

MIKALEF, P. et al., 2021.Building Dynamic Capabilities by Leveraging Big Data Analytics：The Role of Organizational Inertia[J].*Information & Management*, 58 (6)：103412.

BROEKHUIZEN, T.L.J. et al., 2021.Introduction to the Special Issue-Digital Business Models：A Multi-Disciplinary and Multi-Stakeholder Perspective[J].*Journal of Business Research*, (122)： 847 — 852.

LANGLEY, D.J. et al., 2021.The Internet of Everything：Smart

Things and Their Impact on Business Models[J]. *Journal of Business Research*, (122): 853 — 863.

VERHOEF, P.C. et al., 2021. Digital Transformation: A Multidisciplinary Reflection and Research Agenda[J]. *Journal of Business Research*, (122): 889 — 901.

CIAMPI, F. et al., 2021. Exploring the Impact of Big Data Analytics Capabilities on Business Model Innovation: The Mediating Role of Entrepreneurial Orientation[J]. *Journal of Business Research*, (123): 1 — 13.

ADOMAKO, S. et al., 2021. Perceived Corruption, Business Process Digitization, and SMEs' Degree of Internationalization in Sub-Saharan Africa[J]. *Journal of Business Research*, (123): 196 — 207.

DENICOLAI, S. et al., 2021. Internationalization, Digitalization, and Sustainability: Are SMEs Ready? A Survey on Synergies and Substituting EffectsMatarazzo, M., L. Penco, and G. Profumo. Digital Transformation and Customer Value Creation in Made in Italy SMEs: A Dynamic Capabilities Perspective[J]. *Journal of Business Research*, (123): 642 — 656.

KHANRA, S. et al., 2021. Servitization Research: A Review and Bibliometric Analysis of Past Achievements and Future Promises[J]. *Journal of Business Research*, (131): 151 — 166.

ELIA, S. et al., 2021. Resources and Digital Export: An RBV Perspective on the Role of Digital Technologies and Capabilities in Cross-Border E-Commerce[J]. *Journal of Business Research*, (132): 158 — 169.

DENICOLAI, S. et al., 2021. Internationalization, Digitalization, and Sustainability: Are Smes ready? A Survey on Synergies and Substituting Effects Among Growth Paths[J]. Technological Forecasting and Social Change, (166): 120650.

PROKSCH, D. et al., 2021. The Influence of a Digital Strategy on the Digitalization of New Ventures: The Mediating Effect of Digital Capabilities and a Digital Culture[J]. *Journal of Small Business Management*, Ahead-of-Print (Ahead-of-Print): 1 − 29.

KELLER, R. et al., 2022. Pathways to Developing Digital Capabilities within Entrepreneurial Initiatives in Pre-Digital Organizations[J]. *Business & Information Systems Engineering*, 64 (1): 33 − 46.

CHEN, H. et al., 2022. Environmental Uncertainty, Resource Orchestration and Digital Transformation: A fuzzy-set QCA Approach[J]. *Journal of Business Research*, (139): 184 − 193.

CHAUDHURI, A. et al., 2022. Circular Economy and Digital Capabilities of SMEs for Providing Value to Customers: Combined Resource-Based View and Ambidexterity Perspective[J]. *Journal of Business Research*, (142): 32 − 44.